Comment
RÉUSSIR
la GESTION
au BTS MCO

Pour les lycéens , étudiants, auto-entrepreneurs, retraités...

- EMILIO RUBIO -

+ de 70 exercices avec des résultats détaillés !
Tous les chiffres expliqués, un gain de temps énorme.

Pas de mal de crâne !

ACCESSIBLE DÈS LE LYCÉE

Dépôt légal : Novembre 2016

ISBN : 978-2-9558006-2-1

Tous droits réservés - 2016 - Emilio Rubio

Achevé d'imprimé 2016

Éditeur : Emilio Rubio - 93200 Saint Denis

SOMMAIRE

1 – LA FACTURATION

1.1 – TVA, TAUX HORS TAXE ET TTC EN UNE SEULE OPÉRATION

Remplissez les blancs ou regardez la solution dans le deuxième tableau.

Produits	Taux de TVA	Prix HT	Prix TTC	Montant TVA
Produit 1	20%	548,00 €		
Produit 2	10%	66,00 €		
Produit 3	20%		5 759,00 €	
Produit 4	10%		273,00 €	

Solution :

Produits	Taux de TVA	Prix HT	Prix TTC	Montant TVA
Produit 1	20%	548,00 €	657,60 €	109,60 €
Produit 2	10%	66,00 €	72,60 €	6,60 €
Produit 3	20%	4 799,17 €	5 759,00 €	959,83 €
Produit 4	10%	248,18 €	273,00 €	24,82 €

Pour calculer le prix TTC, en général on procède ainsi : **(PHT × 20%) + PHT = PTTC**

Exemple : 548 € × 20% + 548 € = 657,60 €, ce mode de calcul conduit à 2 opérations.

Explications :

- Comment trouver le prix TTC quand on a le prix HT :

548 € × 1,20 = 657,60 € (Produit 1)
66,00 € × 1,10 = 72,60 € (Produit 2)

- Comment trouver le prix HT quand on a le prix TTC :

5 759,00 € / 1,20 = 4 799,17 € (Produit 3)
273,00 € / 1,10 = 248,18 € (Produit 4)

- Pour trouver le montant de la TVA

548,00 € × 20% = 109,60 € (Produit 1)

66,00 € × 10% = 6,60 € (Produit 2)

Les questions

1) Pourquoi multiplier par 1,20 ou 1,10 ?
2) Pourquoi 4 799,17 et pas 4 799,166… ?

Pour trouver le prix TTC en une seule opération, il faut effectuer l'opération suivante :

PHT × (1 + taux de TVA) = PTTC

Prenez votre calculette : 1 + 20% = 1,2 puis 1 + 10% = 1,10

Si la TVA est de 5,5% : 1 + 5,5% = 1,055

Le « vrai résultat » est : 4 799,166…
Mais j'arrondi à 2 chiffres après la virgule en considérant la meilleure valeur approchée, soit : 4 799,17

Comment arrondir 2 chiffres après la virgule ?

Il faut connaitre le **3ème chiffre** après la virgule (s'il est inférieur à 5 ou s'il est égal ou supérieur à 5).

Exemples :   4 799,166 €   =>   4 799,17 € (le deuxième 6 se transforme en 7)
                4 799,165 €   =>   4 799,17 € (le deuxième 6 se transforme en 7)
                4 799,163 €   =>   4 799,16 € (le deuxième 6 reste 6)

Comment calculer le montant de la TVA à partir du PTTC ?

On peut procéder ainsi :

Exemple :

Produit 3 : 5 759,00 / 1,20 = 4 799,17 et 5 759,00 - 4 799,17 = **959,83**
C' est ainsi que l'on procède généralement, mais **il y a une autre façon de faire :**
(5 759,00 / 1,20) × (20 / 100) = 959,83 ou mieux : (5 759,00 / 1,20) × 0,20 = 959,83
Le nombre 20 est le pourcentage de la TVA.

Produit 4 : (273,00 / 1,10) × (10 / 100) = 24,82 ou mieux : (273,00 / 1,10) × 0,1 = 24,82
Le nombre 10 est le pourcentage de la TVA.

Votre société a réalisé les opérations suivantes au cours du mois d'octobre N :

Chiffres d'affaires HT : 83 000 €

Achats de marchandises HT : 41 000 €

Achat d'une immobilisation HT : 13 700 €

La TVA est au taux de 20%

Exercice :

Calculez la TVA à payer pour le mois de décembre N .

<u>**REGLE**</u> :   **TVA à payer = TVA collectée - TVA déductible sur immobilisations**
- TVA déductible sur Autres Biens et Services

<u>Réponse :</u>

TVA collectée = 83 000 × 0,2* = 16 600

TVA déductible sur immobilisations = 13 700 × 0,2 = 2 740

TVA déductible sur autres biens et services = 41 000 × 0,2 = 8 200

TVA à payer = 16 600 - 2 740 - 8 200 = 5 660 €

0,2

Prenez la calculette, tapez 20% = vous obtenez : 0,2

Faites la même chose avec le taux de TVA correspondant, vous ne vous tromperez jamais.

On me demande de signaler que les **calculs se rapportant à la TVA** sont toujours arrondis à l'euro le plus proche.

1.2 – ETABLIR UNE FACTURE

Le 12 mai, la société CALCULPRO adresse à son client JOJO, domicilié 3 rue du point du jour, la facture n° 1376 avec les éléments suivants :

3 000 calculettes Réf 58 CF6 au prix de 14,80 € HT l'unité.

2 000 calculettes Réf 69 BX7 au prix de 19,30 € HT l'unité.

Les conditions commerciales sont les suivantes :

Remise de 10%, remise supplémentaire de 6% si la commande dépasse 50 000 € HT.

Frais de port, forfait de 250 € HT.

Règlement :

Escompte de 1,5% pour paiement comptant ou règlement sous 15 jours.

JOJO a envoyé un chèque d'acompte de 5 000 €.

Je précise que ce client paie ses factures au comptant.

Le taux de TVA est de 20%.

CALCULPRO 23, impasse du Chef de la Ville 75013 Paris				**Facture N° 1376** Le 12/05/N
			Facturation :	**CLIENT** : JOJO 3, rue du Point du Jour 78350 Trappes

Référence	Désignation	Quantité	Prix unitaire	Montant total
58 CF6	Calculette	3 000	14,80	44 400,00
69 B11	Calculette	2 000	19,30	38 600,00
			Brut HT	83 000,00
			Remise 10%	-8 300,00
				74 700,00
			Remise 6%	-4 482,00
			Net commercial HT	70 218,00
			Escompte 1,5%	-1 053,27
			Net financier HT	69 164,73
			Frais de port	250,00
			Net HT	69 414,73
			TVA 20%	13 882,95
			Net TTC	83 297,68
			Acompte	-5 000,00
			TTC à payer	**78 297,68**

Notez dans quel ordre, on calcule :

1) la remise de 10%

2) la remise de 6%

3) le net commercial HT

4) l'escompte, puis le net financier HT ajouté au frais de port

5) le Net TTC sur lequel on déduit l'acompte

6) et enfin le prix TTC.

<u>Explications</u> :

Remise 10% :	$83\,000 \times 10\% = 8\,300$	$83\,000 - 8\,300 = 74\,700$
Remise 6% :	$74\,700 \times 6\% = 4\,482$	$74\,700 - 4\,482 = 70\,218$
Esc. 1,5% :	$70\,218 \times 1,5\% = 1\,053,27$	$70\,218 - 1\,053,27 = 69\,164,73$
Frais port :	$69\,164,73 + 250,00 = 69\,414,73$	
TVA 20% :	$69\,414,73 \times 20\% = 13\,882,95$	$69\,414,73 + 13\,882,95 = 83\,297,68$
Acompte :	$83\,297,68 - 5\,000,00 = 78\,297,68$	

1.3 – EXEMPLES DE FACTURE

FACTURE DOIT / FACTURE AVOIR

CHOCOL		01/07/N
Fact. doit n° 315	**EVA**	
Barres chocolatées		6 500,00
Remise	10%	-650,00
Net commercial		5 850,00
Escompte	1,50%	-87,75
Net financier		5 762,25
Port forfait		60,00
Total HT		5 822,25
TVA	5,50%	320,22
Emballages consignés		50,00
Net TTC à payer		**6 192,47**

CHOCOL		08/07/ N
Fact. avoir n° 28	**EVA**	
Fact. n° 315 - Barres choco.		
Retour barres choco. abimées		260,00
Remise	10%	-26,00
Total HT		234,00
TVA	5,50%	12,87
Retour emballages consignés		50,00
Net TTC à votre crédit		296,87

CHOCOL		15/07/N
Fact .doit n° 410	**CORY**	
Tablettes de chocolat		5 200,00
Remise	5%	-260,00
Net commercial		4 940,00
Port forfait		40,00
Total HT		4 980,00
TVA	5,50%	273,90
Acompte		-1 040,00
Net TTC à payer		4 213,90

CHOCOL		02/08/N
Fact. doit n° 517	**VERA**	
Bonbons au chocolat		3 100,00
Remise	0%	
Net commercial		3 100,00
Port forfait		30,00
Total HT		3 130,00
TVA	5,50%	172,15
Emballages consignés		40,00
Net TTC à payer		3 342,15

CHOCOL		09/08/N
Fact. avoir n° 38	**VERA**	
Fact. n° 517 - Bonbons choco		*3 100,00*
Omission de la remise	0%	
Remise	8%	248,00
TVA	5,50%	13,64
Retour emballages consignés		40,00
Net TTC à votre crédit		301,64

Je donne par avance l'emploi et les ressources au lieu d'en faire un exercice : le tableau est suffisamment explicatif.

Exemple :

L'achat de timbres-postes en espèce est désigné comme frais postaux pour la rubrique emploi et caisse pour la rubrique ressource. Le paiement des salaires par virement bancaire est classé comme charges de personnel et il transite par la banque *(il faut juste le savoir)*.

Tableau d'emploi et de ressources (Société L & Elle)

Opérations	Montant	Emploi	Ressource
Paiement de l'impôt sur les sociétés	10 000	État, Impôt et Taxe	Banque
Achat de matériel informatique à crédit	3 400	Matériel informatique	Fournisseurs d'immobilisations
Vente à crédit de marchandises	5 000	Clients	Ventes de marchandises
Paiement d'un fournisseur par chèque	2 500	Fournisseurs	Banque
Achat de marchandises au comptant par chèque	4 000	Achats de marchandises	Banque
Dépôt d'espèces à la banque	1 500	Banque	Caisse
Achat à crédit d'un fond de commerce	700 000	Fonds de commerce	Fournisseurs d'immobilisations
Prélèvement des intérêts d'un emprunt par la banque	200	Charges d'intérêts	Banque
Paiement des frais de transport en espèces	400	Frais de transport	Caisse
Paiement des salaires par virement bancaire	24 800	Charges de personnel	Banque
Achat de timbres poste en espèces	100	Frais postaux	Caisse
Achat d'essence payé en espèces	80	Achats non stockés	Caisse

Les différents types de flux

Opérations	Flux réel ou Monétaire	Flux entrant ou sortant	Flux d'exploitation ou d'investissement	Emploi ou Ressource
Paiement des clients	M	S	Exp	Emp
Emprunt bancaire	M	S	Inv	Res
Règlement de marchandises	M	S	Exp	Res
Vente de marchandises	R	S	Exp	Res
Achat de fournitures	R	E	Exp	Emp
Paiement loyer	M	S	Exp	Res

Petites explications :

♦ Le paiement des clients est bien entendu un flux monétaire : c'est un flux sortant (l'argent sort), un flux d'exploitation (et non pas d'investissement) et un emploi.

♦ L'achat de fournitures par contre, c'est du flux réel : c'est un flux entrant (les fournitures rentrent dans l'entreprise), un flux d'exploitation et un emploi.

♦ Le paiement de l'EDF ou autre fournisseur d'électricité est un flux monétaire : c'est un flux sortant, un flux d'exploitation et une ressource.

♦ L'achat d'une licence est un flux réel : c'est un flux entrant, un investissement et un emploi.

Note : il en est de même pour l'achat d'un terrain.

? Devinette ?

L'achat d'une voiture ou d'un camion (flux réel) est-il un flux d'exploitation ou d'investissement ?

⟹ **Un flux d'investissement et un emploi.**

CALCULER LE BESOIN EN FOND DE ROULEMENT ET LE COMMENTER

Exercice : la comptable de la société Gégé demande au stagiaire de calculer le BFR et elle lui fournit les renseignements suivants :

Créances clients = 62 500 €

Dettes fournisseurs = 215 000 €

Dettes fiscales et sociales = 25 400 €

Stocks de marchandises = 38 230 €

BFR = (créances clients + stocks de marchandises) - (dettes fournisseurs + dettes fiscales et sociales)

BFR= (65 200 + 38 230) - (215 000 + 25 400) = - 136 970 €

<u>Note</u> : - 136 970 signifie que le BFR est négatif **et si le besoin « en fond de roulement » est négatif**, il **est favorable** à la société de Gégé (eh oui !).

⟹ Explication : **Les dettes fournisseurs sont élevées, ce qui montre que Gégé a obtenu des délais de paiement importants. Les délais accordés aux clients sont plus courts. Dans ces conditions, les dettes permettent de financer les stocks et les créances clients.**

Exercice avec un BFR positif (inverse)

Créances clients : 220 000 €

Stocks marchandises : 115 400 €

Dettes fournisseurs : 108 000 €

Dettes fiscales et sociales : 42 700 €

BFR = (créances clients + stocks de marchandises) - (dettes fournisseurs + dettes fiscales et sociales)

BFR = (220 000 + 115 400) - (108 000 + 42 700) = 184 700 €

⟹ Explication : **La société a un gros besoin de financement (eh, oui !).**

Elle est en mauvaise situation et elle doit diminuer fortement le délai de règlement des clients.

Ne pas régler ses fournisseurs aussi rapidement et revoir sa gestion des stocks pour les réduire.

Quant aux dettes fiscales et sociales, elle ne peut rien faire, le fisc se fait payer en temps et en heure, sinon, il y a des pénalités.

3 – LES QUATRE OPÉRATIONS SUR EXCEL

◆ **Pour additionner rapidement sur tableur Excel**, disons 20 + 8 + 3

Je tape les nombres 20, 8 et 3 respectivement dans 3 cellules voisines.
Je sélectionne ces cellules et je clique sur l'icône somme ∑ *(en haut à droite de l'écran)* =>
Le résultat s'affiche en dessous => 31

◆ **Pour soustraire les nombres**, disons : 20 - 8 - 3.

Je tape les nombres 20, - 8 et - 3 respectivement dans 3 cellules voisines.
Je sélectionne ces cellules et clique sur l'icône somme ∑ =>
Le résultat s'affiche en dessous => 9

◆ **Soustraire et additionner** en même temps, disons : 20 - 2 - 3 - 4 + 8

Je tape les nombres 20, - 2, -3, -4 et + 8 respectivement dans 5 cellules voisines.
Je sélectionne ces cellules et je clique sur l'icône somme ∑ =>
Le résultat s'affiche en dessous => 19

◆ **Pour multiplier**, disons 7 × 8

Je tape 7 dans une cellule et 8 dans la cellule d'à-côté.
Puis le signe = dans la troisième cellule *(n'oubliez pas le signe =)*.
Je clique sur le 7 puis je tape sur la touche * à-côté du signe = ; soit : = (nom cellule)*
Je clique sur 8 puis entrée.
Le résultat s'affiche dans la troisième cellule => 56

◆**Pour diviser**, disons : 10 / 2

Je tape 10 dans une cellule et 2 dans la cellule d'à-côté.
Puis le signe = dans la troisième cellule *(n'oubliez pas le signe =)*.
Je clique sur le 10 puis je tape sur la touche / à-côté du signe = ; soit : =(nom cellule)/
Je clique sur 2 puis entrée.
Le résultat s'affiche dans la troisième cellule => 5

> N'oubliez jamais de taper le signe =

4.1 – RELEVÉ DE COMPTE, INTÉRÊTS ET DÉCOUVERTS

La société « Toupourmoi » dispose d'un compte à la banque et le solde est de 6 300 € au 1er juillet.

On vous remet la liste des opérations effectuées en juillet ainsi qu'un extrait des conditions de tenue de compte pratiquée par la banque (voir tableau ci-après). Travail à effectuer :

1 - Présenter le compte courant tenu par la banque, en faisant apparaitre le solde après chaque opération ainsi que les dates de valeur.

2 - Calculer le montant des intérêts acquis.

3 - Calculer le montant des intérêts de découvert.

Dates	Opérations (société Toupourmoi)
03/07/N	Chèque n° 465803 au fournisseur Lemarchand : 1 700 €
04/07/N	Prélèvement ACN : 2 650 €
07/07/N	Virement du client GG : 400 €
13/07/N	Remise de chèques : 1 900 €
17/07/N	Chèque n° 465804 pour paiement de l'URSSAF : 7 235 €
22/07/N	Prélèvement EDF : 4 995 €
24/07/N	Chèque n° 465805 pour paiement de la pub : 9 400 €
27/07/N	Chèque n° 465806 au fournisseur Toupourlui : 4 600 €
30/07/N	Effets remis à l'encaissement : 4 250 €

Conditions de tenue de compte de la société Toupourmoi

Dates de valeur : La banque retient deux jours pour les décaissements, un jour pour les encaissements et trois jours pour les remises de chèque.

Taux de découvert : **6,3%** ; Taux de base bancaire : **6,6%** ; Rémunération du compte de dépôt : **2%**

Je présente le compte courant tenu par la banque en faisant apparaître le solde après chaque opération et les dates de valeur *(et, par la suite je fournis des explications)*.

Dates	Libellés	Mouvement		Solde		Dates de valeur
		Débit	Crédit	Débit	Crédit	
01/07/N	Solde initial				6 300	30/06/N
03/07/N	Chèque n° 465803	1 700			4 600	01/07/N
04/07/N	Prélèvement ACN	2 650			1 950	02/07/N
07/07/N	Virement du client GG		400		2 350	06/07/N
13/07/N	Remise de chèques		1 900		4 250	10/07/N
17/07/N	Chèque n° 465804	7 235		2 985		15/07/N
22/07/N	Prélèvement EDF	4 995		7 980		20/07/N
24/07/N	Chèque n° 465805	9 400		17 380		22/07/N
27/07/N	Chèque n° 465806	4 600		21 980		25/07/N
30/07/N	Effets encaissés		4 250	17 730		29/07/N

Note : pour une raison pratique, je reproduis le compte courant sur cette page.

Dates	Libellés	Mouvement		Solde		Dates de valeur
		Débit	Crédit	Débit	Crédit	
01/07/N	Solde initial				6 300	30/06/N
03/07/N	Chèque n° 465803	1 700			4 600	01/07/N
04/07/N	Prélèvement ACN	2 650			1 950	02/07/N
07/07/N	Virement du client GG		400		2 350	06/07/N
13/07/N	Remise de chèques		1 900		4 250	10/07/N
17/07/N	Chèque n° 465804	7 235		2 985		15/07/N
22/07/N	Prélèvement EDF	4 995		7 980		20/07/N
24/07/N	Chèque n° 465805	9 400		17 380		22/07/N
27/07/N	Chèque n° 465806	4 600		21 980		25/07/N
30/07/N	Effets encaissés		4 250	17 730		29/07/N

Explications :

N'oubliez pas les dates de valeur, la banque retient deux jours pour les décaissements, un jour pour les encaissements et trois jours pour les remises de chèque.

Exemple : pour le chèque n° 465803 sa date de valeur est le 01/07, mais il n'est inscrit sur le compte que deux jours plus tard soit le 03/07, etc. ....

Calcul des intérêts acquis :

Solde créditeur	Date début solde créditeur	Date fin solde créditeur	Nombre de jours	Calcul des intérêts acquis
6 300	30/06/N	01/07/N	1	$\dfrac{6\,300 \times 2\% \times 1}{360} = 0,35\ €$
4 600	01/07/N	02/07/N	1	$\dfrac{4\,600 \times 2\% \times 1}{360} = 0,26\ €$
1 950	02/07/N	06/07/N	4	$\dfrac{1\,950 \times 2\% \times 4}{360} = 0,43\ €$
2 350	06/07/N	10/07/N	4	$\dfrac{2\,350 \times 2\% \times 4}{360} = 0,52\ €$
4 250	10/07/N	15/07/N	5	$\dfrac{4\,250 \times 2\% \times 5}{360} = 1,18\ €$
Total des intérêts acquis				**2,74 €**

Explications : du 30/06 au 01/07 (1 jour), la société était créditrice de 6 300 €.
La rémunération du compte de dépôt est de 2% (voir conditions de tenue de compte).
On divise par 360 (nombre de jours pris en compte dans l'année et c'est toujours 360).
Note : j'ai arrondi naturellement les intérêts à 2 chiffres après la virgule.

Note : Pour une raison pratique, je reproduis le compte courant sur cette page.

Dates	Libellés	Mouvement		Solde		Dates de valeur
		Débit	Crédit	Débit	Crédit	
01/07/N	Solde initial				6 300	30/06/N
03/07/N	Chèque n° 465803	1 700			4 600	01/07/N
04/07/N	Prélèvement ACN	2 650			1 950	02/07/N
07/07/N	Virement du client GG		400		2 350	06/07/N
13/07/N	Remise de chèques		1 900		4 250	10/07/N
17/07/N	Chèque n° 465804	7 235		2 985		15/07/N
22/07/N	Prélèvement EDF	4 995		7 980		20/07/N
24/07/N	Chèque n° 465805	9 400		17 380		22/07/N
27/07/N	Chèque n° 465806	4 600		21 980		25/07/N
30/07/N	Effets encaissés		4 250	17 730		29/07/N

Calcul des intérêts de découvert :

Solde débiteur	Date début solde débiteur	Date fin solde débiteur	Nombre de jours	Calcul des intérêts de découvert
2 985	15/07/N	20/07/N	5	$\dfrac{2\ 985 \times 12,9\% \times 5}{360} = 5,35\ €$
7 980	20/07/N	22/07/N	2	$\dfrac{7\ 980 \times 12,9\% \times 2}{360} = 5,72\ €$
17 380	22/07/N	25/07/N	3	$\dfrac{17\ 380 \times 12,9\% \times 3}{360} = 18,68\ €$
21 980	25/07/N	29/07/N	4	$\dfrac{21\ 980 \times 12,9\% \times 4}{360} = 31,50\ €$
17 730	29/07/N	30/07/N	1	$\dfrac{17\ 730 \times 12,9\% \times 1}{360} = 6,35\ €$
Total des Intérêts de découvert				**67,60 €**

Montant net payé = total des intérêts de découvert - total des intérêts acquis
= 67,60 - 2,74 = **64,86 €**

12,9% correspond au **taux de découvert 6,3%** + le **taux de base bancaire 6,6%**
Soit : 6,3% + 6,6% = **12,9%**

4.2 – CALCULER UNE VALEUR ACQUISE

Vous souhaitez placer un capital de 7 000 € au taux de 5% l'an pendant 8 mois.

Calculez la somme que vous toucherez au terme de 8 mois *(valeur acquise)*.

Valeur acquise = Capital + Intérêt

Nombre de jours = 240 (soit 8 × 30 jours)

C'est 30 jours par mois puisqu'on ne précise pas les mois.

$$\text{Intérêt} = \frac{7\,000 \times 5\% \times 240}{360} = 233,33$$

Valeur acquise = 7 000 + 233,33 = 7 233,33 €

Vous toucherez 7 233,33 € au terme de 8 mois.

⟹ **Explications : 360 est le nombre de jours pris en compte dans l'année (et c'est toujours 360 par convention).**

4.3 – CALCULER UNE VALEUR ACTUELLE

Vous devez payer 6 000 € dans 90 jours mais vous voulez régler votre fournisseur tout de suite.
Au taux de 3%, calculez le montant que vous devrez payer maintenant (valeur actuelle).

Valeur actuelle : Capital - Intérêts

Nombre de jours : 90

$$\text{Intérêts} = \frac{6\,000 \times 3\% \times 90}{360} = 45$$

Valeur actuelle = 6 000 - 45 = 5 955 €

Vous devez payer tout de suite : 5 955 €

4.4 – ENCAISSER ET ESCOMPTER UNE LETTRE DE CHANGE

Monsieur Gégé, directeur d'une petite société possède 2 traites : traite n° 23 et traite n° 54
Il remet le 4 juin :

- ◆ la traite n° 23 dont la valeur nominale est : 5 226 € arrivée à échéance
- ◆ la traite n° 54 qu'il veut escompter pour couvrir son besoin de trésorerie
  dont la valeur nominale est : 9 400 € arrivée à échéance le 30 août.

Monsieur Gégé vous remet les tarifs pratiqués par sa banque et vous demande combien il touchera avec ces deux opérations. Tarifs pratiqués par la banque de Monsieur Gégé :

> ◆ Remise à l'encaissement d'un effet de commerce :
>   - Commissions HT : **25 €**
>   - TVA sur commissions : **20%**
> ◆ Remise à l'escompte d'un effet de commerce :
>   Taux d'escompte **: 8%** par an
> ◆ Commissions d'endos **: 0,6%** par an
> ◆ Commissions bancaires HT **: 13 €**
> ◆ TVA sur les commissions bancaires : 20%

- Montant net encaissé sur la **traite n° 23**
  - La traite n° 23 est remise à l'encaissement à la date d'échéance, le 4 juin
  - Net encaissé = valeur nominale de l'effet - commission TTC
  - **Commission TTC** = 25 × 1,20 = 30 €
  - Net encaissé = 5 226 - 30 = 5 196 €

- Calcul de l'agio relatif à **la traite n° 54 et du net encaissé**.
  Calcul du nombre de jours :
    Juin : 30 - 4 = 26
    Juillet : 31
    Août : 30
    Total = **87 jours**

- Calcul de l'escompte :	$\dfrac{9\,400 \times 8\% \times 87}{360} = 181,73\ €$
- Commission bancaire TTC :	13 × 1,20 = 15,60 € (TTC)
- Commission d'endos :	$\dfrac{9\,400 \times 0,6\% \times 87}{360} = 13,63\ €$
- Agios :	181,73 + 15,60 + 13,63 = 210,96 €
- Net encaissé :	9 400 - 210,96 = **9 189,04 €**

Monsieur Gégé percevra la somme de : 5 196 + 9 189,04 = 14 385,04 €

4.5 – L'AFFACTURAGE

La société J&R utilise les services d'une société d'affacturage pour recouvrer les créances de ses clients.
Au cours du mois de juin N, elle a transmis à cette société 4 factures à encaisser pour son compte.
A partir du contrat d'affacturage et des factures, calculons la somme qui sera versée à J&R par le factor et évaluons les avantages et les inconvénients de l'affacturage.

Contrat d'affacturage

Au terme du contrat d'affacturage avec la société J&R, il sera retenu une commission d'affacturage de 5% sur le montant total des créances cédées. Cette commission est soumise à la TVA (taux normal). Une commission de financement de **7,75%** l'an calculée en fonction de la durée du crédit.
La durée du crédit court du jour de cession de la créance (inclus) jusqu'au jour de l'échéance (inclus).

Date de cession des créances : 04/06/N

Facture	Date de la facture	Date d'échéance	Montant
N° 2345	12/05/N	30/06/N	4 700 €
N° 2356	22/05/N	31/07/N	6 500 €
N° 2361	30/05/N	15/08/N	7 800 €
N° 2372	02/06/N	31/08/N	5 500 €

Montant total des créances cédées : 4 700 + 6 500 + 7 800 + 5 500 = 24 500 €

Commission d'affacturage : 24 500 × 5% = 1 225 €

TVA sur la commission d'affacturage : 1 225 × 20% = 245 €

Commissions de financement :

- Facture n° 2345 : $\dfrac{4\,700 \times 7,75\% \times 27}{360} = 27,32\ €$

  (27, c'est le nombre de jours du 04/06 inclus, date de cession des créances au 30/06 inclus)

- Facture n° 2356 : $\dfrac{6\,500 \times 7,75\% \times 58}{360} = 81,16\ €$

  (58, c'est le nombre de jours du 04/06 inclus au 31/07 inclus)

- Facture n° 2361 : $\dfrac{7\,800 \times 7,75\% \times 73}{360} = 122,58\ €$

  (73, c'est le nombre de jours du 04/06 inclus au 15/08 inclus)

- Facture n° 2372 : $\dfrac{5\,500 \times 7,75\% \times 89}{360} = 105,38\ €$

  (89, c'est le nombre de jours du 04/06 inclus au 31/08 inclus)

Total de la commission de financement : 27,32 + 81,16 + 122,58 + 105,38 = 336,44 €

Montant versé par la société d'affacturage : montant total des créances - commissions d'affacturage
    Soit : 24 500 - (1 225 + 245 + 336,44) = 22 693,56 €

Les questions

360 : le nombre de jours dans l'année et c'est toujours 360 par convention.

L'affacturage est il avantageux?

Oui, si vous avez un besoin d'argent urgent et non si ce n'est pas le cas. Voyez ce que cela vous coûte.
Ne croyez pas qu'il suffit d'aller voir un "factor" et de lui dire payez-moi ces factures et débrouillez vous avec mon ou mes clients. Il demandera en général un minimum de 100 000 € de factures et il ne dira oui que s'il pense qu'il pourra récupérer les sommes.
S'il ne les récupère pas vous devrez le rembourser (non, mais !).

4.6 – REMPLACER 3 EFFETS PAR UN EFFET UNIQUE

La librairie « Au bon livre » connaît momentanément des difficultés de trésorerie.
Or, trois traites ont été tirées par son fournisseur :
1) une traite de 1 500 € arrive à échéance le 15 juin
2) une traite de 2 000 € arrive à échéance le 30 juillet
3) une traite de 2 200 € arrive à échéance le 15 août

Le 15 mai, ne pouvant assumer les échéances de juin et juillet, le propriétaire de la librairie propose à son fournisseur de remplacer les trois effets par un effet unique dont la date d'échéance serait le 30 juillet.

Exercice : Calculez le montant du nominal de l'effet unique au 30 juillet, sachant que le taux d'escompte est de 7%.

Explications :

Va = Valeur actuelle ; traite de 1 500 € => Va = 1 500

Donc, on a : $$Va - 1\,500 \times 7\% \times \frac{30}{360} = 1\,500 - 8,75$$

Pourquoi multiplier par : $\dfrac{30}{360}$ * **360** est le nombre de jours dans l'année

Dans cet exercice, la période analysée est relativement grande et on considère des mois de 30 jours pour une raison d'homogénéité avec les 360 jours de l'année (définis par convention).
Cette approximation dépend essentiellement de la durée de l'analyse, car pour une période plus courte on prend généralement en compte le nombre de jours exacts.
Remarque : dans certains cas le choix est incertain, d'où le besoin de le préciser dans l'énoncé ou d'effectuer une remarque spécifique dans la solution.

30 parce que la traite de 1 500 € arrive à échéance le 15 juin (du 15 mai au 15 juin on considère 30 jours).

Traite de 2 000 € : on considère 75 jours entre le 15 mai et le 30 juillet

Traite de 2 200 € : on considère 90 jours du 15 mai au 15 août

---

Diagramme des périodes considérées.

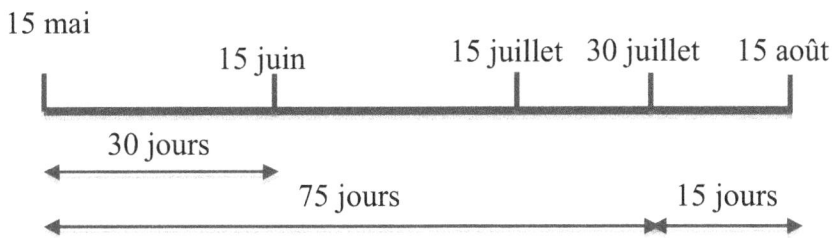

● **Je calcule la valeur actuelle des 3 traites :**

Traite de 1 500 € : $Va = 1\,500 - (1\,500 \times 7\%) \times \dfrac{30}{360} = 1\,500 - 8,75$

Traite de 2 000 € : $Va = 2\,000 - (2\,000 \times 7\%) \times \dfrac{75}{360} = 2\,000 - 29,17\,*$

Traite de 2 200 € : $Va = 2\,200 - (2\,200 \times 7\%) \times \dfrac{90}{360} = 2\,200 - 38,50$

Note : pour le calcul de Va, il est conseillé de calculer d'abord l'expression mise entre parenthèses, soit par exemple :

$$(1\,500 \times 7\%) \times \dfrac{30}{360} = 8,75$$

Σ (somme) des traites :   (1 500 - 8,75) + (2 000 - 29,17) + (2 200 - 38,50)

1 491,25 + 1 970,83 + 2 161,50 = **5 623,58 €**

● **Calcul de l'effet unique Vn :**

$$Vn - Vn \times 7\% \times \dfrac{75}{360} = 5\,623,58\ \text{€}$$

Vn × (1 - 0,0146)* = 5 623,58
Vn = 5 623,58 / 0,9854* = **5 706,80 €**

Les explications :

0,0146 = 7% x (75 / 360)
0,9854 = (1 - 0,0146)

4.7 – DÉTERMINER LE TAUX RÉEL D'ESCOMPTE

Madame L. souhaite escompter le 07/07/N une lettre de change de 11 700 € à échéance le **31/10/N**. La banque applique les conditions suivantes :

Taux d'escompte : 7,35% .

Commission forfaitaire : 0,40% *(indépendante du temps)*

1) Calculez le montant de l'agio HT

2) Déterminez le taux réel d'escompte

1) Calcul du montant de l'agio

Du 07/07 au 31/10 , il y a :

Juillet : 31 - 7 = 24 jours

Août : 31 jours

Septembre : 30 jours

Octobre : 31 jours

Total = 116 jours

2) Calcul de l'escompte :

$$11\ 700 \times 7,35\% \times \frac{116}{360} = 277,095 \ soit \ 277,10 \ €$$

Commission bancaire HT : 11 700 × 0,40%= 46,80 €

Agios HT : 277,10 + 46,80 = 323,90 €

Taux réel d'escompte Tre :

$$323,90 = 11\ 700 \times Tre \times \frac{116}{360}$$

$$Tre = \frac{323,90}{11\ 700} \times \frac{360}{116} = 8,59\%$$

Le taux réel d'escompte est **8,59%** au lieu de 7,35% défini dans l'énoncé, à cause de la commission forfaitaire de 0,40% indépendante du temps.

4.8 – REMPLACER 2 EFFETS PAR UN EFFET UNIQUE

Effet numero 1 : 6 370 € échéance à 30 jours

Effet numéro 2 : 9 790 € échéance à 60 jours

Votre société demande à son fournisseur de remplacer les 2 effets de commerces suivants par un effet unique à échéance dans **90 jours.**

Effet numéro 1 : 6 370 €, échéance à 30 jours

Effet numéro 2 : 9 790 €, échéance à 60 jours

Exercice : Calculer le montant du nominal de ce nouvel effet au taux de 7,2%

L'escompte de ces deux effets doit être égal à l'escompte de la valeur de l'effet unique à déterminer dont l'échéance est fixée à 90 jours.

N'oubliez pas, **on cherche la valeur de x** et on finit par le trouver à la fin.

$$x - x \times 7,2\% \times \frac{90}{360} = \left(6\ 370 - 6\ 370 \times 7,2\% \times \frac{30}{360}\right) + \left(9\ 790 - 9\ 790 \times 7,2\% \times \frac{60}{360}\right)$$

$x \times (1 - 0,018) = (6\ 370 - 38,22) + (9\ 790 - 117,48) = 16\ 004,30$

$x = 16\ 004,30 / (1 - 0,018) = 16\ 297,66\ €$

L'effet unique d'un montant de **16 297,66 €** est équivalent aux deux effets.

Les questions

On a les relations suivantes :

$$0,018 = \frac{7,2\% \times 90}{360}\ ;\ 38,22 = \frac{6\ 370 \times 7,2\% \times 60}{360}\ ;\ 117,48 = \frac{9\ 790 \times 7,2\% \times 60}{360}$$

0,982 = 1 - 0,018

16 004,30 = 6 331,78 + 9 672,52

Note : parfois il est pratique de diviser par la valeur de 36 000 au lieu de 360 pour éviter la prise en compte directe du pourcentage *(réduction du risque d'erreur).*

Exemple : $\dfrac{6\ 370 \times 7,2\% \times 30}{360} = 38,22$ *ou* $\dfrac{6\ 370 \times 7,2 \times 30}{36\ 000} = 38,22$

5 – LA GESTION ÉCONOMIQUE DES STOCKS

5.1 – DÉTERMINER LE NIVEAU DES STOCKS

Vendeur de chaussures chez Belpompe, vous êtes chargé de suivre l'approvisionnement du modèle V5.
Voici les renseignements suivants : le magasin vend chaque mois 60 paires de chaussures de modèle V5 et les ventes sont régulières dans le mois.

- le stock initial au début du mois de janvier est de 34 paires,
- le délai d'approvisionnement est de 15 jours,
- le stock de sécurité est de 22 paires.

Exercice :

1 - Calculez le nombre de jours de vente représentant le stock initial.
2 - Calculez le stock minimum entre deux livraisons.
3 - Calculez le stock d'alerte (point de commande).
4 - Calculez la date à laquelle l'unité commerciale doit être livrée en janvier N.
5 - Calculez le retard possible sans rupture de stock.

Réponse

1) Je calcule le nombre de jours de vente représentant le stock initial
Ventes par jour = 60 / 30 (nombre conventionnel de jours par mois) = 2 paires par jour
Nombre de jours de vente du stock initial = stock initial / nombre de paires vendues par jour
Soit : 34 / 2 = **17 jours**

2) Je calcule le stock minimum entre deux livraisons
Stock minimum = ventes par jour × délai d'approvisionnement
Soit : 2 paires/jour x 15 jours = **30 paires**

3) Je calcule le stock d'alerte ou point de commande
Stock d'alerte = stock de sécurité + consommation pendant la durée d'approvisionnement
Stock d'alerte = 22 + (2 paires/jour × 15 jours) = 22 + 30 = **52 paires**

4) Je calcule la date à laquelle le magasin doit être livré en janvier N
Le magasin doit garder un stock de sécurité de 22 paires qui correspond à 11 jours de vente, soit 22 / 2 = 11 jours. Au 1er janvier N, il reste en stock 34 paires, soit 17 jours de vente.
Le magasin doit être livré le 6 janvier N, soit : 17 - 11 = **6 jours**

5) Je calcule le retard possible sans rupture de stock
Ventes par semaine = 60 / 4 (semaines) = 15 paires par semaine
Retard = stock de sécurité / ventes par semaine, soit : 22 / 15 = 1,46 semaine
Soit : 1,46 semaine = 1,46 × 7 = 10,22 jours arrondis à **11 jours**

5.2 – STOCK MOYEN, DÉLAI DE ROTATION ET TAUX DE ROTATION DES STOCKS

La société de Linda vend des ordinateurs et les achats annuels s'élèvent à 98 000 €.
Le stock au 1ᵉʳ janvier N était de 20 000 € et son stock au 31 décembre N est de 6 000 €.
Je calcule le stock moyen, le délai de rotation et le taux de rotation des stocks.

A SAVOIR : **SI** = Stock Initial et **SF** = Stock Final

1) Stock moyen : $\dfrac{(SI + SF)}{2}$, $soit$ $\dfrac{(20\ 000 + 6\ 000)}{2} = \dfrac{26\ 000}{2} = 13\ 000$ €

2) Délai de rotation

   Quantités vendues = SI + achats - SF, soit : 20 000 + 98 000 - 6 000 = 112 000 €

   Délai de rotation : $\dfrac{Stock\ moyen}{Quantités\ vendues} \times 360 = \dfrac{13\ 000}{112\ 000} \times 360 = 41{,}79\ soit\ 42\ jours$

   3) Délai de rotation : $\dfrac{Quantités\ vendues}{Stock\ moyen} = \dfrac{112\ 000}{13\ 000} = 8{,}6\ fois\ dans\ l'année\ (9\ fois)$

Les questions

   360 c'est le nombre de jours dans l'année *(par convention)*.

5.3 – GÉRER LES STOCKS : LA MÉTHODE DES 20/80

Travaillant dans une grande surface, vous devez améliorer la gestion des stocks de votre rayon.
Vous avez en main un dossier dans lequel ont été rassemblés les références, les quantités et les prix de vente unitaires HT (Annexe 1).
Il vous faut assurer le suivi des stocks à partir des résultats obtenus par la méthode des 20/80.

Exercice :

1) Retrouver les articles de la première catégorie qui représentent 20% des articles en quantité et 80% des articles en valeur (Annexe 2).
2) Retrouver les articles de la deuxième catégorie qui représentent 80% des articles en quantité et 20% des articles en valeur (Annexe 2).

Que conseillez-vous pour la gestion des stocks des articles de chaque catégorie ?

Annexe 1 - Données relatives à la gestion des stocks (UC Tous sportifs)

Référence article	Quantité	Prix de vente unitaire
D 26	40	178,75
E 60	70	300
I 79	57	250
A 30	240	16
B 12	260	15
C 15	80	14
F 72	50	10
G 100	18	20
H 80	20	44

Annexe 2 - Tableau à remplir de gestion des stocks : Méthode des 20/80 (UC Tous sportifs)

Référence article	Quantité	Prix de vente HT	CA (HT)	% articles vendus en quantité	Cumul	% articles vendus en quantité	% articles vendus en CA	Cumul	% articles vendus en CA

1 et 2 Articles des première et deuxième catégories.

Annexe 2 - Tableau complété de gestion des stocks : Méthode des 20/80 (UC Tous sportifs)

Référence article	Quantité	Prix de vente HT	CA (HT)	% articles vendus en quantité	Cumul	% articles vendus en quantité	% articles vendus en CA	Cumul	% articles vendus en CA
D 26	40	178,75	7 150	4,79	4,79		**13,49**	13,49	
E 60	70	300	21 000	8,38	13,17	20%	**39,62**	53,11	80%
I 79	57	250	14 250	6,83	20		26,89	80	
A 30	240	16	3 840	28,74	28,74		7,25	7,25	
B 12	260	15	3 900	31,14	59,88		7,36	14,61	
C 15	80	14	1 120	9,58	69,46		2,11	16,72	
F 72	50	10	500	5,99	75,45	80 %	0,94	17,66	20%
G 100	18	20	360	2,16	77,61		0,68	18,34	
H 80	20	44	880	2,40	80		1,66	20	
	835		**53 000**	**100%**					

Colonne CA (HT) : 7 150 = 40 × 178,75 ; 21 000 = 70 × 300 ; ... *(idem pour le reste de la colonne).*

Colonne % d'articles vendus en quantité : 4,79 = 40 / 835 × 100 ; 8,38 = 70 / 835 × 100 ; ...

Cumul des % d'articles vendus en quantité :

20% = 4,79% + 8,38% + 6,83%

80% = 28,74% + 31,14% + 9,58% + 5,99% + 2,16% + 2,40%

% d'articles vendus en CA : 13,49% = 7 150 / 53 000 × 100 ; 39,62 % = 21 000 / 53 000 × 100 ; ...

Cumul des % d'articles vendus en CA :

80% = 13,49% + 39,62% + 26,89%

20% = 7,25% + 7,36% + 2,11% + 0,94% + 0,68% + 1,66%

<ins>Recommandations pour une bonne gestion des stocks :</ins>

Il y a deux catégories d'articles : les D 26, E 60 et I 79 représentent 20% des articles vendus en quantité et 80% du chiffre d'affaires, ils sont à surveiller comme le "lait sur le feu" au niveau des approvisionnements et en ce qui concerne les coûts.
Pour les autres articles qui représentent 80% des articles vendus en quantité et seulement 20% du chiffre d'affaires, la gestion sera sommaire.

5.4 – GÉRER LES STOCKS : LA MÉTHODE ABC

Avec des références, des quantités et des prix unitaires différents, il vous faut assurer le suivi des stocks à partir des résultats obtenus **par la méthode ABC**.

Exercice :

1) A partir du tableau ci-après : retrouver les articles de la première catégorie qui représentent 10% des articles en quantité et 60% du chiffre d'affaires.
2) Retrouver les articles de la deuxième catégorie qui représentent 40% des articles en quantité et 30% du chiffre d'affaires.
3) Retrouver les articles de la troisième catégorie qui représentent 50% des articles en quantité et 10% du chiffre d affaires.
4) Que conseillez-vous pour la gestion des stocks des articles de chaque catégorie ?

Données relatives à la gestion des stocks (grande surface).

Référence article	Quantité	Prix de vente unitaire
A1	800	25,00
A2	1 000	120,00
A3	1 500	5,33
A4	200	10,00
A5	1 500	20,00
A6	1 000	3,00
A7	1 800	5,00
A8	1 200	2,50
A9	600	5,00
A10	400	5,00

Tableau de gestion des stocks : Méthode ABC (grande surface)

Référence article	Quantité	Prix de vente HT	CA (HT)	% articles vendus en quantité	Cumul	% articles vendus en quantité	% articles vendus en CA	Cumul	Catégorie
A2	1 000	120,00	120 000	10	10	10%	60	60	60% A
A1	800	25,00	20 000	8	8		10	10	
A3	1 500	5,33	8 000	15	23		4	14	
A4	200	10,00	2 000	2	25	40%	1	15	30% B
A5	1 500	20,00	30 000	15	40		15	30	
A6	1 000	3,00	3 000	10	10		1,5	1,5	
A7	1 800	5,00	9 000	18	28		4,5	6	
A8	1 200	2,50	3 000	12	40	50%	1,5	7,5	10% C
A9	600	5,00	3 000	6	46		1,5	9	
A10	400	5,00	2 000	4	50		1	10	
	10 000		200 000	100%			100%		

Les questions

Sur le tableau on relève : **total des quantités = 10 000 ; total des ventes CA (HT) = 200 000 €**

Considérons toute la ligne A2

Les articles A2 représentent **10%** des articles vendus : 1 000 / 10 000 × 100 = 10%
Les articles A2 représentent **60%** du chiffre d'affaires : 120 000 / 200 000 × 100 = 60%
Ils doivent être surveillés de très près.

Les articles A1, A3, A4 et A5 représentent **40%** des articles vendus et **30%** du chiffre d'affaires :

A1 : 800 / 10 000 × 100 = **8%** des articles ; 20 000 / 200 000 × 100 = **10%** du chiffre d'affaires
A3 : 1 500 / 10 000 × 100 = **15%** des articles ; 8 000 / 200 000 × 100 = **4%**
Et, ainsi de suite .... On surveillera ces articles tranquillement.

Les autres articles **A6, A7, A8, A9 et A10** qui représentent 50% des articles vendus et seulement 10% du chiffre d'affaires seront survolés.

Remarque importante : *pour les relations de calcul ci-dessus on multiplie par 100 pour trouver un résultat exprimé en pourcent (%). Précisons qu'un nombre exprimé en % est déjà divisé par 100 => ex. : 10% = 0,10. Par contre, nous conservons ce type d'écriture pour une raison d'harmonisation avec un grand nombre d'ouvrages d'économie. Evidemment, cette remarque reste valable pour l'ensemble de ce document et nous ne la réitérons pas.*

5.5 – DÉTERMINER LE COUT MINIMAL : MODÈLE DE WILSON

Déterminer le coût minimal d'approvisionnement avec le modèle de Wilson.
Une société vend **4 800 ballons** par an.
Le coût d'achat est de 6 €, le taux de possession est de **10%** et le coût de possession **de 15 €.**

⟹ **Calcul du nombre de commandes suivant le modèle de Wilson**

$$n = \sqrt{\frac{vente\ annuelle \times taux\ de\ possession}{(2 \times coût\ de\ possession)}} = \sqrt{\frac{(4\ 800 \times 0,1)}{(2 \times 15)}} = 4$$

La société doit passer **4 commandes**.
Quantité à commander à chaque commande (lot économique) :

$$Q = \frac{vente\ annuelle}{nombre\ de\ commandes} = \frac{4\ 800}{4} = 1\ 200\ ballons$$

Une consommation annuelle de 4 800 unités réparties sur 4 commandes correspond à un lot économique de 1200 ballons.

Attention : Avec une calculette simple, comme TI-Collège, procéder comme suit :
Taper sur racine carré $\sqrt{\ }$ via la touche la touche jaune 2nde puis x^2.
Les parenthèses s'ouvrent puis taper à l'intérieur : 4 800 × 0,1 / (2 × 15)
Appuyer sur = et le résultat est 4.

Taux de possession : 0,1 = 10%

5.6 – EXERCICE D'APPLICATION

Grossiste dans le textile, votre société réalise un **chiffre d'affaires annuel de 3 500 000 € HT** et les **achats de marchandises représentent 40% des ventes HT.** Les marchandises restent en stock **30 jours**.

40% des clients paient à 60 jours et **60% à 90 jours**.
Le crédit fournisseur est limité aux achats de marchandises nécessaires à la réalisation du chiffre d'affaires.
50% des fournisseurs acceptent d'être réglés à 30 jours et 50% à 60 jours.

1) Calculer le stock nécessaire.
2) Calculer le montant du crédit fournisseur accordé.
3) Calculer le montant du crédit consenti aux clients.
4) Evaluer le montant du besoin en fonds de roulement d'exploitation.
   Le taux de TVA est de 20%.

1) Je calcule le stock nécessaire

Avec un chiffre d'affaires annuel de 3 500 000 € HT, des achats de marchandises qui représentent **40%** des ventes HT et un délai de 30 jours en stock, le stock de marchandises à financer s'élève à :
3 500 000 × 0,40 × 30 / 360 = **116 667 € (HT)** (360 : par convention, nombre de jours dans l'année).

2) Je calcule le montant du crédit fournisseur accordé

Le montant du crédit fournisseur accordé est limité aux achats de marchandises nécessaires à la réalisation du CA (HT) (chiffre d affaires hors taxe) prévu.
Soit : 3 500 000 × 0,40 = 1 400 000 € HT

Le montant de la dette fournisseurs s'élève donc annuellement à :
1 400 000 × 1,20 = 1 680 000 € TTC (les dettes fournisseurs sont évaluées TTC mais les stocks en HT).

Puisque 50% des fournisseurs acceptent d'être réglés à 30 jours et 50% à 60 jours, le délai moyen est de : (0,5 × 30) + (0,5 × 60) = 45 jours
Le crédit fournisseur se situe en moyenne à : 1 680 000 × 45 / 360 = **210 000 € (TTC)**

3) Je calcule le montant du crédit consenti aux clients

Les crédits consentis aux clients, comme ceux accordés aux fournisseurs, se calculent TTC avec la TVA ajoutée aux factures émises aux clients. Puisque 40% des clients paient à 60 jours et 60% à 90 jours, le délai moyen de paiement des clients sera de : (0,4 × 60) + (0,6 × 90) = 78 jours
Le chiffre d'affaires étant de 4 200 000 € TTC (3 500 000 × 1,20), le compte clients devra être financé à hauteur de : 4 200 000 × 78 / 360 = **910 000 € (TTC)**

4) J'évalue le montant du besoin en fonds de roulement (BFR) d'exploitation

N'oublions pas que BFR = stocks (HT) + créances clients (TTC) - dettes fournisseurs (TTC) - **dettes fiscales et sociales** (TTC). Soit : BFR = 116 667 + 910 000 - 210 000 = **816 667 €**

Les questions

Et les dettes fiscales et sociales?
Dans cet exercice, il n'y a pas de dettes fiscales et sociales (cette situation est spécifique).

5.7 – INCIDENCE DE LA GESTION DES STOCKS

La rentabilité des stocks étant améliorable, j'analyse la gestion des stocks à partir du tableau (Annexe 1).

  1) Je complète le tableau ci-dessous.
  2) Je calcule le gain de rentabilité obtenu après le changement de la rotation des stocks.
  3) J'analyse les conséquences d'une meilleure rotation des stocks.

Annexe 1 - Coût total d'approvisionnement (UC Montrésor) → (tableau à compléter)

Eléments	Année N*		Année N+1	
Chiffre d'affaires	220 000	100%	250 000	100%
Stock initial	52 000		45 000	
+ Achats	115 000		120 000	
- Stock final	45 000		37 000	
= Prix de revient des ventes				
Marge commerciale				
Stock moyen				
Rotation des stocks				
Rentabilité (% marge × rotation)				

Année N : cette année : N+1 = année dernière ; N+2 = il y a deux ans ; et ainsi de suite …

Annexe 1 - Coût total d'approvisionnement (UC Montrésor) → (tableau complété)

Eléments	Année N		Année N+1	
Chiffre d'affaires	220 000	100%	250 000	100%
Stock initial	52 000		45 000	
+ Achats	115 000		120 000	
- Stock final	45 000		37 000	
= Prix de revient des ventes	**122 000**	**55,45%***	128 000	51,20%
Marge commerciale	**98 000**	44,55%	122 000	48,80%
Stock moyen	**48 500**		41 000	
Rotation des stocks	2,52		3,12	
Rentabilité (% marge × rotation)		112,27		152,26

Calculons pour l'année N :

Prix de revient des ventes : stock initial + achats - stock final = 52 000 + 115 000 - 45 000 = **122 000**

Marge commerciale : Chiffre d'affaires - Prix de revient des ventes = 220 000 - 122 000 = **98 000**

Stock moyen :
$$\frac{(Stock\ initial + Stock\ final)}{2} = \frac{(52\ 000 + 45\ 000)}{2} = 48\ 500$$

Attention *: on calcule d'abord l'addition puis on divise !*

Rotation des stocks : $\dfrac{Prix\ de\ revient\ des\ ventes}{Stock\ moyen}$, soit : $\dfrac{122\ 000}{48\ 500} = 2,52$

Le stock a été renouvelé en moyenne 2,52 fois dans l'année

% de la marge : $\dfrac{Marge\ commerciale}{Chiffre\ d'affaires} = \dfrac{98\ 000 \times 100}{220\ 000} = 44,55\%$

Rentabilité : % marge commerciale × rotation des stocks = 44,55 × 2,52 = **112,27**

Calculons pour l'année N+1 :

PRV : stock initial + achats - stock final = 45 000 + 120 000 - 37 000 = **128 000**

Marge commerciale : CA - PRV = 250 000 - 128 000 = **122 000**

Stock moyen :
$$\frac{(Stock\ initial + Stock\ final)}{2} = \frac{(45\ 000 + 37\ 000)}{2} = 41\ 000$$

Rotation des stocks : $\dfrac{Prix\ de\ revient\ des\ ventes}{Stock\ moyen}$, soit : $\dfrac{128\ 000}{41\ 000} = 3,12$

Le stock a été renouvelé en moyenne 3,12 fois dans l'année

% de la marge : $\dfrac{Marge\ commerciale}{Chiffre\ d'affaires} = \dfrac{122\ 000 \times 100}{250\ 000} = 48,80\%$

Rentabilité : % marge commerciale × rotation des stocks = 48,80 × 3,12 = **152,26**

Je calcule le gain de rentabilité obtenu après le changement.

Gain de rentabilité : $\dfrac{Rentabilité\ (N+1) - Rentabilité\ N}{Rentabilité\ N} = \dfrac{(152,26 - 112,27) \times 100}{112,27} = 35,62\%$ *

Conclusion : Avec une meilleure rotation des stocks (3,12 contre 2,52), les produits sont vendus plus vite, donc, les stocks restent moins de temps. Le stock moyen est plus faible (41 000 contre 48 500), la marge est plus élevée (48,80% contre 44,55%). Les stocks coûtent moins chers et le gain de rentabilité est amélioré.

Les questions

Pour trouver 35,62%, on calcule : (152,26 - 112,27) / 112,27 et ensuite on multiplie par 100.
Pour trouver 55,45%, on calcule : (122 000 / 220 000) × 100

6.1 – FICHE DE STOCK SELON LA MÉTHODE FIFO OU PEPS

Les 3 méthodes (FIFO, CMUP et CMUP après chaque entrée)

Fiche de stock selon la méthode FIFO (ou PEPS) premier entré, premier sorti.
Un magasin commercialise du riz en paquets de 1 kg.
Le 1er juin, il dispose d'un stock (initial) de 70 kg à 3,60 € HT (le prix est une blague).

- Le 04 juin, il achète 130 kg à 3,00 €
- Le 13 juin, il achète 80 kg à 3,20 €
- Le 14 juin, il vend 70 kg à 3,60 € et 10 kg à 3,00 €
- Le 21 juin, il vend 120 kg à 3,00 €
- Le 23 juin, il achète 50 kg à 3,30 € HT
- Le 28 juin, il vend 80 kg à 3,20 € et 40 kg à 3,30 €

Si on dresse la fiche de stock à la fin du mois de juin, elle se présentera ainsi :

<u>Note</u> : premier Entré, premier Sorti

Date	Libellé	Entrée			Sortie			Stock		
		Quantité	Prix (HT) unitaire	Montant total	Quantité	Prix (HT) unitaire	Montant total	Quantité	Prix (HT) unitaire	Montant total
01/06/N	Stock initial							70	3,60	252,00
04/06/N	Achat	130	3,00	390,00				70	3,60	252,00
								130	3,00	390,00
13/06/N	Achat	80	3,20	256,00				70	3,60	252,00
								130	3,00	390,00
								80	3,20	256,00
14/06/N	Vente				70	3,60	252,00	120	3,00	360,00
					10	3,00	30,00	80	3,20	256,00
21/06/N	Vente				120	3,00	360,00	80	3,20	256,00
23/06/N	Achat	50	3,30	165,00				80	3,20	256,00
								50	3,30	165,00
28/06/N	Vente				80	3,20	256,00	10	3,30	33,00
					40	3,30	132,00			

Explications pour la vente du 14/06 (et la suite)

Le 14, on vend 70 kg à 3,60 € et 10 kg à 3,00 € : il reste en stock 120 kg à 3,00 € et 80 kg à 3,20 €
Le 21, on vend 120 kg à 3,00 € : il reste en stock 80 kg à 3,20 €
Le 23, on achète 50 kg à 3,30 € : il reste en stock 80 kg à 3,20 € et 50 kg à 3,30 €
Le 28, on vend 80 kg à 3,20 € et 40 kg à 3,30 € : il reste en stock 10 kg à 3,30 €

6.2 – FICHE DE STOCK SELON LA MÉTHODE CMUP

Note : Coût Moyen Unitaire Pondéré après chaque entrée

On se réfère à l'exercice précédent (paquets de riz de 1 kg).

Date	Libellé	Entrée			Sortie			Stock		
		Quantité	Prix (HT) unitaire	Montant total	Quantité	Prix (HT) unitaire	Montant total	Quantité	Prix (HT) unitaire	Montant total
01/06/N	Stock initial							70	3,60	252,00
04/06/N	Achat	130	3,00	390,00				70	3,60	252,00
								130	3,00	390,00
								200	3,21	642,00
13/06/N	Achat	80	3,20	256,00				80	3,20	256,00
								280	3,21	898,00
14/06/N	Vente				80	3,21	256,80	200	3,21	642,00
21/06/N	Vente				120	3,21	385,20	80	3,21	256,80
23/06/N	Achat	50	3,30	165,00				50	3,30	165,00
								130	3,24	421,80
28/06/N	Vente				120	3,24	388,80	10	3,24	32,40

A RETENIR : on calcule un Coût Moyen Unitaire Pondéré **après chaque nouvelle entrée (achat)** et on valorise la vente suivante au nouveau CMUP calculé.

Explications au 04/06/N : achat de 130 kg à 3,00 € et il reste 200 kg à 3,21 € en stock

CMUP après chaque entrée (achat) : $\dfrac{252,00 + 390,00}{70 + 130} = \dfrac{642}{200} = 3,21\ €$

Le 13/06/N : achat de 80 kg à 3,20 € et il reste 280 kg à 3,21 € en stock

CMUP après chaque entrée (achat) : $\dfrac{642,00 + 256,00}{200 + 80} = \dfrac{898}{280} = 3,21\ €$

Le 14/06/N : vente de 80 kg à 3,21 € et il reste 200 kg à 3,21 € en stock

Le 21/06/N : vente de 120 kg à 3,21 € et il reste 80 kg à 3,21 € en stock

Le 23/06/N : achat de 50 kg à 3,30 € et il reste 130 kg à 3,24 € en stock

CMUP après chaque entrée (achat) : $\dfrac{256,80 + 165,00}{80 + 50} = \dfrac{421,80}{130} = 3,24\ €$

Le 28/06/N : vente de 120 kg à 3,24 € et il ne reste que **10** kg à **3,24 €**

Fiche de stock selon la méthode du CMUP

Date	Libellé	Quantité	Prix unitaire	Montant
01/06/N	Stock initial	70	3,60	252,00
04/06/N	Achat	130	3,00	390,00
13/06/N	Achat	80	3,20	256,00
23/06/N	Achat	50	3,30	165,00
		330	3,22	1 063,00

Date	Libellé	Quantité	Prix unitaire	Montant
14/06/N	Vente	80	3,22	257,60
21/06/N	Vente	120	3,22	386,40
28/06/N	Vente	120	3,22	386,40
30/06/N	Stock final	10	3,22	32,20
		330	3,22	1 062,60

Note : la légère différence de montant total observée entre la colonne achat (1 063 €) et la colonne vente (1 062,60 €) est due aux arrondis de calculs.

Calcul du CMUP :

$$\frac{Stock\ initial + Entrées\ (en\ valeur)}{Stock\ initial + Entrées\ (en\ quantité)} = \frac{1\ 063}{330} = 3,22\ €$$

Une fois calculé **le Coût Moyen Unitaire Pondéré (CMPU)**, soit : 3,22 € dans ce cas, toutes les ventes à venir s'effectuent à **3,22 € (HT).**

7.1 – ELABORER UN TABLEAU DE RÉPARTITIONS DES CHARGES INDIRECTES

Exercice :

Votre entreprise de textile fabrique et vend deux types de chemisier pour femme.
Elle utilise deux matières premières : le lin et la viscose.
Le tissu est stocké, puis découpé, assemblé et piqué.
On procède ensuite aux finitions dans l'atelier prévu à cet effet.
Les chemisiers sont ensuite distribués.

Voici les renseignements pour l'année N :

Achat de matières premières
    - Lin : 4 000 m² à 4,40 €
    - Viscose : 12 000 m² à 2,90 €

Production de l'année
    - Chemisiers en lin : 9 980
    - Chemisiers en viscose : 20 000

Main d'œuvre directe : centre coupage/piquage
    17 500 heures à 19 € l'heure dont 10 600 heures pour les chemisiers en viscose.

Ventes
    - Chemisiers en lin : 8 000 à 63 €
    - Chemisiers en viscose : 19 000 à 82 €

Les unités d'œuvre des centres d'analyse sont les suivantes :
    - Centre Approvisionnement : 1m² acheté
    - Centre Coupage/Piquage : 1 heure de MOD (main d'œuvre)
    - Centre Finition : 1 unité fabriquée
    - Centre Distribution : 100 € de CA (HT)

Travail à effectuer :
    1) Complétez le tableau de répartition des charges indirectes (page suivante).
    2) Calculez le coût de chaque unité d'œuvre.

Tableau de répartition des charges indirectes (tableau à compléter)

Eléments	Total des charges	Centres auxiliaires		Centres principaux			
		Gestion du personnel	Gestion du matériel	Approvision -nement	Coupage Piquage	Finition	Distribution
Fournitures consommables	73 000	7 300	7 300	14 600	21 900	21 900	
Services extérieurs	54 900	20%	25%	10%	30%	10%	5%
Autres services extérieurs	41 300	15%	10%	20%	20%	20%	15%
Impôts et taxes	48 600	10%		20%	20%	30%	20%
Charges de personnel	133 300	10%	10%	20%	10%	20%	30%
Autres charges	54 300	10%	20%	10%	20%	10%	30%
Charges financières	31 500		10%		30%	40%	20%
Dotations	91 200	10%	10%	15%	35%	25%	5%
Charges supplétives	10 900		40%		60%		
Totaux primaires							
Répartition et gestion du personnel			20%	15%	15%	20%	30%
Répartition et gestion du matériel				10%	40%	30%	20%
Totaux secondaires							
Unités d'œuvre				M² acheté	Heure Mod	Unité fabriqué	100 € de CA
Nombre d'unités d'œuvre							
Coût de l'unité d'œuvre							

Tableau de répartition des charges indirectes (tableau complété)

Eléments	Total des charges	Centres auxiliaires		Centres principaux			
		Gestion du personnel	Gestion du matériel	Approvision-nement	Coupage Piquage	Finition	Distribution
Fournitures consommables	73 000	7 300	7 300	14 600	21 900	21 900	
Services extérieurs	54 900	**10 980**	**13 725**	5 490	16 470	5 490	2 745
Autres services extérieurs	41 300	**6 195**	**4 130**	8 260	8 260	8 260	6 195
Impôts et taxes	48 600	4 860		9 720	9 720	14 580	9 720
Charges de personnel	133 300	13 330	13 330	26 660	13 330	26 660	39 990
Autres charges	54 300	5 430	10 860	5 430	10 860	5 430	16 290
Charges financières	31 500		3 150		9 450	12 600	6 300
Dotations	91 200	9 120	9 120	13 680	31 920	22 800	4 560
Charges supplétives	10 900		4 360		6 540		
Totaux primaires	539 000	57 215	65 975*	83 840	128 450	117 220	85 800
Répartition et gestion du personnel		57 215	11 443*	8 582,25	8 582,25	11 443	17 164,50
Répartition et gestion du matériel			77 418	7 741,80	30 967,20	23 225,40	15 483,60
Totaux secondaires	539 000			100 164,05	167 999,45	151 888,40	118 448,10
Unités d'œuvre				m² acheté	Heure de MOD	Unité fabriqué	100 € de CA
Nombre d'unités d'œuvre				16 000	17 500	29 980	20 620
Coût de l'unité d'œuvre				6,26	9,60	5,07	5,74

Explications :

10 980 = 54 900 × 20% (voir le tableau de répartitions des charges indirectes)
13 725 = 54 900 × 25% ; etc. ….

L'opération est similaire pour 6 195 :
6 195 = 41 300 × 15%
4 130 = 41 300 × 10% ; etc. …..

1) Répartition gestion de matériel : 77 418 = 65 975 + 11 443 (20% de 57 215)

2) Approvisionnement : 100 164,05 = 83 840 + 8 582,25 + 7 741,80 (avec 8 582,25 = 15% de 57 215)

3) Coupage piquage : 167 999,45 = 128 450 + 8 582,25 +30 967,20

4) Finition : 151 888,40 = 117 220 + 11 443 +23 225,40

5) Distribution : 118 448,10 = 85 800 +17 164,50 + 15 483,60

Calcul du nombre d'unités d'œuvre pour l'approvisionnement :

◆ **Approvisionnement**
  - Nombre d'unités d'œuvre = 4 000 + 12 000 = **16 000 m²** (voir achat de matières premières).
  - Coût de l'unité d'œuvre : 100 164,05 / 16 000 = **6,26 €/m²**

◆ **Coupage/Piquage**
  - Nombre heure de MOD : 17 500 heures (voir énoncé)
  - Coût de l'unité d'œuvre : 167 999,45 / 17 500 = **9,60 €**

◆ **Finition :**
  - Nombre total de chemisiers : 9 980 + 20 000 = **29 980**
  - Coût de l'unité d'œuvre : 151 888,40 / 29 980 = **5,07 €**

◆ **Ventes :**
  - Chemisiers en lin : 63 × 8 000 = 504 000 €
  - Chemisiers en viscose : 82 × 19 000 = 1 558 000 €
  - Montant total : 504 000 + 1 558 000= **2 062 000 €**

◆ **Distribution :** Nombre d'unités d'œuvre pour 100 € (HT) de CA
  - Quantité distribuée de chemisiers : 2 062 000 / 100 = **20 620**
  - Coût de l'unité d'oeuvre : 118 448,10 / 20 620 = **5,74 €**

7.2 – QUE SONT LES CHARGES

On distingue les charges fixes et les charges variables.
Les charges fixes sont des charges de structure, comme par exemple le loyer ou les amortissements.
Les charges variables sont proportionnelles à l'activité de l'entreprise, comme les matières premières dans l'exercice effectué.
Certaines charges sont appelés charges semi-variables car elles ont une part fixe et une part variable.
Les charges qui concernent le personnel permanent de l'entreprise sont assimilées à la part fixe.
Alors que les charges concernant l'embauche d'intérimaires ou le recours aux heures supplémentaires sont considérées comme charges variables (car elles sont ajustables à l'activité de l'entreprise).

Les charges directes et les charges indirectes :

Les charges directes, comme les achats de marchandises, servent à calculer le coût d'achat.
Elles sont totalement affectées au calcul d'un coût.

Les charges indirectes doivent être réparties entre plusieurs secteurs de l'activité de l'entreprise, comme par exemple les charges administratives qui peuvent être liées à l'approvisionnement et/ou à la vente.

Charges indirectes et analyse des coûts

<u>Travail à effectuer</u>

1) Complétez le tableau de répartition des charges indirectes (ci-dessous).
2) Calculer les coûts d'achat et de revente ; la fiche de stock sera établie selon la méthode du CMUP (données complémentaires).
3) Déterminer le résultat et commenter.

Tableau de répartition des charges indirectes

	Approvisionnement	Distribution
Totaux répartition secondaire	10 000	8 200
Unités d'œuvre	Nombre achetés	10 € de CA
Nombre d'unités d'œuvre		
Coût de l'unité d'œuvre		

<u>Données complémentaires pour le mois de septembre N</u>

- Achats : 5 000 livres à 20 € l'unité

- Ventes : 5 300 livres à 38,50 € l'unité

- Stocks au 1er septembre : N = 400 livres pour un montant total de 7 800 €

- Les charges directes de distribution se composent d'une commission aux vendeurs de 6% du CA, des frais d'expéditions de 0,80 € par produit distribué, des frais de marchandisage de 4 240 € et des charges de personnel d'un montant de 6 400 € (partie fixe de la rémunération des vendeurs).

TABLEAU DE RÉPARTITION DES CHARGES INDIRECTES

1) Compléter le tableau

	Approvisionnement	Distribution
Totaux répartition secondaire	10 000	8 200
Unités d'œuvre	Nombre achetés	10 € de CA
Nombre d'unités d'œuvre	5 000	**20 405**
Coût de l'unité d'œuvre	10 000 / 5 000 = 2	0,80 (par livre distribué)

<u>*Explication*</u>

Achats : 5 000 livres à 20 € l'unité (données).
Calcul de l'unité d'œuvre pour le centre de distribution :
 Ventes : 5 300 livres à 38,50 € l'unité, soit : 38,50 × 5 300 = 204 050 €
 Nombre d'unités d'œuvre (10 € de CA - données) : 204 050 / 10 = **20 405**

2) Calcul des coûts d'achat et de revient et fiche de stock

Coût d'achat des livres

Éléments	Quantité	Prix unitaire	Montant total
Achats	5 000	20	100 000
Centre d'approvisionnement	5 000	2	10 000
Coût d'achat	5 000	22	110 000

Coût d'achat unitaire des livres : 110 000 / 5000 = 22 €

Fiche de stock des livres (selon la méthode de CMUP : Coût Moyen Unitaire Pondéré

On calcule d'abord la 1ère moitié du tableau.

Eléments	Quantité	Prix unitaire	Montant	Éléments	Quantité	Prix unitaire	Montant
Stock initial	400	19,50	7 800	Ventes	5 300	21,81	115 593
Achats	5 000	22,00	110 000	Stock final	100	21,81	2 181
Total	5 400	21,81	117 800	Total	5 400	21,81	117 774

CMUP = 117 800 / 5 400 = **21,81 €**

Pourquoi 5300 ventes à 21,81 ? On a trouvé le coût moyen unitaire pondéré, c'est donc le prix unitaire qui sera appliqué pour la partie droite du tableau.

Pourquoi 100 ? On en a vendu 5 300 sur 5 400, soit : 5 400 = achats (5 000) + stock (400)

Coût de revient des produits

Éléments	Quantité	Prix unitaire	Montant total
Coût d'achat des marchandises vendues	5 300	21,81	115 593
Charges directes : - Commissions aux vendeurs - Frais d'expédition - Frais de marchandisage - Vendeurs partie fixe	5 300	204 050 × 0,06 0,80	12 243 4 240 4 240 6 400
Charges indirectes : - Centre de distribution	8 200	0,80	6 560
Coût de revient	5 300	**28,17**	149 276

Ventes : 38,50 × 5 300 = 204 050 € ; Commission aux vendeurs : 6% du CA ; Frais d'expédition : 0,80 € par produit distribué ; Frais de marchandisage : 4 240 € ; Vendeurs partie fixe : 6 400 €.

Distribution (données) : Répartition secondaire : 8 200 € ; Coût de l'unité d'œuvre : 0,80 € par livre distribué.

Coût de revient unitaire d'un produit : 149 276 / 5 300 = 28,17 €

3) Calcul du résultat

<u>Résultat des livres</u>

Éléments	Quantité	Prix unitaire (PU)	Montant total
Chiffre d'affaires	5 300	38,50	204 050
Coût de revient	5 300	28,17	149 301
Résultat	5 300	10,33	54 749

Par produit vendu, on enregistre un bénéfice de : 38,50 - 28,17 = **10,33 €**
Pour réaliser un bénéfice, le magasin ne doit pas vendre son produit au-dessous de 28,17 €

CHARGES PAR VARIABILITÉ ET COMPTE DE RÉSULTAT DIFFÉRENTIEL

Reclasser les charges par variabilité, présenter un compte de résultat différentiel, calculer un seuil de rentabilité et un point mort.

L'unité commerciale Poissounet est spécialisée dans la distribution d'articles de pêche.
Afin de réaliser une étude de rentabilité par variabilité pour les charges et les produits de l'exercice N, voici le compte de résultat de l'exercice N (Annexe 1).

Exercice :

1) Compléter le tableau de reclassement des charges par variabilité (Annexe 2).
2) Présenter le tableau différentiel (Annexe 3).
3) Calculer le taux de marge sur coût variable, le taux de rentabilité, le seuil de rentabilité et le point mort.
4) Commenter la situation de l'unité commerciale Poissounet.

Annexe 1 - Compte de résultat de l'UC Poissounet au 31/12/N

Charges	Montant	Produits	Montant
Achats de marchandises	484 000	Ventes de marchandises	1 018 910
Charges externes	111 650		
Impôts et taxes	44 000		
Charges de personnel	105 300		
Charges de gestion courante	8 530		
Dotation aux amortissements	70 990		
Charges financières	21 840		
Résultat	172 600		
Total général	**1 018 910**	**Total général**	**1 018 910**

Annexe 2 - Tableau de reclassement des charges par variabilité

Charges	Total	Charges variables				Charges fixes	
		%	Achats	%	Distribution	%	Montant
Achats de marchandises		100%					
Charges externes		30%		30%		40%	
Impôts et taxes		15%		15%		70%	
Charges de personnel		20%		30%		50%	
Charges de gestion courante		50%		20%		30%	
Dotation aux amortissements						100%	
Charges financières						100%	
Total							

Eléments	Coûts	Marges	Taux
Chiffre d'affaires			
Charges variables			
Achats			
Distribution			
Coût variable			
Marge sur coût variable			
Charges fixes			
Résultat			

1) Tableau de reclassement des charges par variabilité (tableau complété)

Charges	Total	Charges variables					Charges fixes	
		%	Achats	%	Distribution	%	Montant
Achats de marchandises	484 000	100%	484 000					
Charges externes	111 650	30%	**33 495**	30%	**33 495**	40%	**44 660**
Impôts et taxes	44 000	15%	**6 600**	15%	**6 600**	70%	**30 800**
Charges de personnel	105 300	20%	21 060	30%	31 590	50%	52 650
Charges de gestion courante	8 530	50%	4 265	20%	1 706	30%	2 559
Dot aux amortissements	70 990					100%	70 990
Charges financières	21 840					100%	21 840
Total	**846 310**		**549 420**		**73 391**		223 499

Explications du tableau de reclassement des charges par variabilité.
  - Charges externes

     111 650 × 30% = **33 495** pour les achats (charges variables)

     111 650 × 30% = **33 495** pour la distribution (charges variables)

     111 650 × 40% = **44 660** (charges fixes)

  - Impôts et taxes :

     44 000 × 15% = **6 600** pour les achats (charges variables)

     44 000 × 15% = **6 600** pour la distribution (charges variables)

     44 000 × 70% = **30 800** (charges fixes)

  - Et ainsi de suite pour les autres charges …

2) Tableau différentiel (tableau complété)

Eléments	Coûts	Marges	Taux
Chiffre d'affaires (CA)		1 018 910	100%
Charges variables			
Achats	549 420		
Distribution	+ 73 391		
Coût variable	= 622 811	- 622 811	
Marge sur coût variable		= 396 099	**38,87%**
Charges fixes	223 499	- 223 499	
Résultat		**= 172 600**	**16,94%**

3) Calcul des éléments suivants : le taux de marge sur coût variable (TM/CV), le taux de rentabilité (TR), le seuil de rentabilité (SR) et le point mort (PM).

Taux de marge sur coût variable :
$$\frac{TM}{CV} = \frac{M/CV \times 100}{CA} = \frac{396\,099 \times 100}{1\,018\,910} = 38,87\%$$

Taux de rentabilité :
$$TR = \frac{Résultat}{CA} = \frac{172\,600 \times 100}{1\,018\,910} = 16,94\%$$

Seuil de rentabilité :
$$SR = \frac{Charges\ fixes}{TM/CV} = \frac{223\,499}{0,3887^{\,*}} = 574\,920\ €$$

Point mort :
$$PM = \frac{SR \times 12}{CA} = \frac{574\,920 \times 12}{1\,018\,910} = 6,77\ mois$$

Le point mort est atteint le **24 juillet** : 6 mois + (30 × 0,77) = 6 mois + 23,1 jours

4) Quelle est la situation de la société Poissounet ?

♦ Son **taux de rentabilité** de 16,94 % est excellent.
Cela signifie que la société gagne 16,94 € chaque fois qu'elle réalise un CA de 100 €.
C'est un très bon taux puisque l'on considère qu'il doit atteindre 8% en général.

♦ Son **seuil de rentabilité** est égal à 574 920 €, cela signifie que la société ne réalise des bénéfices qu'après avoir dépassé ce seuil de 574 920 €.

♦ Le **point mort** sera atteint le 24 juillet. La société disposera du reste de l'année (5 mois et 6 jours) pour réaliser des bénéfices, ce qui lui permettra de faire face à d'éventuelles difficultés de gestion, etc...

♦ Le **résultat** (bénéfice) de 172 600 € est très bon. La **situation** de la société est **excellente**.

Les questions

38,87% = 0,3887 : prenez votre calculette et tapez 38,87%= => vous obtenez : 0,3887

10.1 – COMMENT CALCULER LES MARGES ET LES TAUX DE MARQUE

Commercial dans un magasin, vous accordez une remise de 5% sur un article que vous vendez 1300 € HT (TVA à 20%).

Prix d'achat HT de cet article : 680 €
Frais de transport sur achat : 40 €

Je calcule la marge brute, le taux de marque, le taux de marge et le coefficient multiplicateur.

- Prix de vente HT : 1 300 € avec 5% de remise, soit :

    Remise : 1 300 × 0,05 = 65 € *(rappel : 0,05 c'est 5%)*

    Prix de vente HT (PVHT) : 1 300 - 65 = 1 235 €

- Coût d'achat HT (CAHT) : Prix d'achat HT + Frais de transport = 680 + 40 = 720 €

♦ **Marge brute** : Prix de vente HT - Coût d'achat HT = 1 235 - 720 = **515 €**

♦ **Taux de marque :** $\dfrac{Marge\ brute \times 100}{PVHT} = \dfrac{515 \times 100}{1\ 235} = 41,70\%$

♦ **Taux de marge :** $\dfrac{Marge\ brute \times 100}{CAHT} = \dfrac{515 \times 100}{720} = 71,53\%$

- Prix de vente TTC (PVTTC) : 1 235 × 1,20 = 1 482 €

♦ **Coefficient multiplicateur :** $\dfrac{PVTTC}{CAHT} = \dfrac{1\ 482}{720} = 2,06$

10.2 – CALCULER LE PRIX DE VENTE TTC

Exercice 1 :

Calculez un prix de vente TTC d'un sandwich jambon-beurre à l'aide des éléments de votre coût de revient.
Eléments relatifs au prix de revient :

Pain : 0,15 € ; Beurre : 0,15 € ; Jambon : 1 €

Frais de personnel : 1 € ; Location du local : 0,50 €

Taux de marge : 30% ; TVA : 10%

Calcul du prix de vente TTC (PVTTC) :

$$Taux\ de\ marge = \frac{PV - PA}{PA} = \frac{PV - (0,15 + 0,15 + 1 + 1 + 0,50)}{0,15 + 0,15 + 1 + 1 + 0,5}$$

$$Taux\ de\ marge = \frac{PV - 2,80}{2,80} = \frac{30}{100} = 0,30^*$$

0,30 signifie 30% de taux de marge, soit : 30 / 100 = 0,30

On ne connaît pas encore le Prix de Vente TTC, mais d'après la relation sur le taux de marge on a :
PV - 2,80 = 2,80 × 0,3 = 0,84
PVHT = 0,84 + 2,80 = 3,64 €

On en déduit le prix de vente TTC (PVTTC) :
PVTTC = 3,64 × 1,10* = 4 €

Note : **1,10** c'est pour calculer directement le prix TTC avec la TVA de 10%.

10.3 – CALCULER LES INDICATEURS RELATIFS AU PRIX

Exercice 2 :

La société « Jouets pour tous » doit établir le prix de vente de ses voitures pour enfants.

Travail à faire :

1) Quel sera le prix TTC d'un véhicule acheté **180 € HT** compte tenu des frais d'achat estimés à **12%** du prix d'achat et d'un taux de marque de **30%** ? La TVA appliquée est de 20%.

2) Quel est le coefficient multiplicateur appliqué par « Jouets pour tous » ?

1) Prix de vente TTC de la voiture pour enfants :

Coût d'achat HT incluant les frais d'achat (CAHT) : $180 \times 1,12^* = 201,60$ €

$$PVTTC = \frac{CAHT}{1 - taux\ de\ marque} \times 1,20 = \frac{201,60}{0,70^*} \times 1,20 = 345,60\ €$$

Les questions

1,12 : les 12% estimés des frais d'achats, ce qui permet de calculer directement le coût d'achat HT.
Autrement, en moins rapide, j'effectue $180 \times 12\% = 21,6$, soit : $180 + 21,6 = 201,60$ €
La valeur de 0,70 correspond à : $1 - 30\%$ (taux de marque) $= 0,70$.

2) Coefficient multiplicateur :
$$\frac{PVTTC}{CAHT} = \frac{345,60}{201,60} = 1,71$$

3) La société organise une opération promotionnelle tous les ans en septembre : la voiture est alors proposée à **220 € HT**

- Calculer le taux de marque appliqué.
- Quel est le nouveau coefficient multiplicateur ?

◆ **Taux de marque appliqué :**
$$\frac{Marge\ brute}{PVHT} \times 100 = \frac{18,40}{220} \times 100 = 8,36\%$$

Nouveau PVHT		220,00
Coût de revient HT	$180 \times 1,12$	201,60
Marge brute	220 - 201,6	18,40
Taux de marque	$\frac{18,4}{220} \times 100$	**8,36%**

◆ **Nouveau coefficient multiplicateur :**
$$\frac{PVTTC}{CAHT} = \frac{220 \times 1,20}{201,60} = 1,31$$

Les questions

$180 \times 1,12 = 201,6$ € le coût d'achat (ou de revient) est toujours le même.
La marge brute est : $220 - 201,60 = 18,40$ €
Avec ce nouveau prix, le taux de marque n'est plus que de 8,36%.

10.4 – REMPLIR UNE FACTURE

Exercice 3 :

Au service comptable, vous devez établir la facture reçue d'un fournisseur.
En voici les détails : du prix d'achat au prix de vente.

Prix d'achat HT	
Remise pour quantités 15%	
1er net commercial	
Remise pour promotion 6%	
Prix d'achat net HT	12 895,00 €
Frais d'achat 7%	
Coût d'achat HT	
Marge brute	
Prix de vente HT	
TVA taux normal (20%)	
Prix de vente TTC	21 248,38 €

Réponse : facture complétée

Prix d'achat	$\dfrac{13\ 718,09}{0,85\,^*} =$	16 138,93
Remise pour quantités 15%	$16\ 138,93 \times 0,15 =$	2 420,84
1er net commercial	$\dfrac{12\ 895}{0,94\,^*} =$	13 718,09
Remise pour promotion 6%	$13\ 718,09 \times 0,06 =$	823,09
Prix d'achat net HT		12 895,00
Frais d'achat 7%	$12\ 895 \times 0,07^* =$	902,65
Coût d'achat	$12\ 895 + 902,65 =$	13 797,65
Marge brute	$17\ 706,98 - 13\ 797,65 =$	3 909,33
Prix de vente HT	$\dfrac{21\ 248,38}{1,20\,^*} =$	17 706,98
TVA taux normal (20%)	$21\ 248,38 - 17\ 706,98 =$	3 541,40
Prix de vente TTC		21 248,38

N'oubliez pas : quand on divise un nombre par moins que 1, c'est comme si on le multiplie par un nombre plus grand que 1.

$$Ex. : \dfrac{12\ 895}{0,94} = 13\ 718,08$$

Par quoi commencer pour remplir la facture ?

1) Calcul du 1er net commercial avec 6% de remise pour promotion

$$1^{er}\ net\ commercial = \frac{12\ 895}{0,94} = 13\ 718,09\ €$$

2) Remise de 6% pour promotion
   1er net commercial × 6% = 13 718,09 × 0,06 = 823,09 €   ou 13 718,09 - 12 895 = 823,09 €

3) Prix d'achat HT avec 15% de remise pour quantité

$$PAHT = \frac{13\ 718,09}{0,85} = 16\ 138,93\ €$$

4) Remise de 15% pour quantités
   PAHT × 15% = 16 138,93 × 0,15 = 2 420,84 €   ou 16 138,93 - 13 718,09 = 2 420,84 €

5) Frais d'achat 7%
   PAHT × 7% = 12 895 × 0,07 = 902,65 €

6) Coût d'achat HT (CAHT)
   CAHT = 12 895 + 902,65 = 13 797,65 €

7) PVHT en sachant que la TVA est de 20%

$$PVHT = \frac{PVTTC}{1,20} = \frac{21\ 248,38}{1,20} = 17\ 706,98\ €$$

8) La marge brute
   Marge brute = PVHT - CAHT = 17 706,98 - 13 797,65 = 3 909,33 €

9) TVA au taux normal (20%)
   PVTTC - PVHT = 21 248,38 - 17 706,98 = 3 541,40 €

Les questions

0,94 : les 6% de remise pour promotion (1 - 0,06 = 0,94)
0,85 : les 15% de remise pour quantités (1 - 0,15 = 0,85)
0,07 = 7%
1,20 : taux de TVA de 20%
On obtient le PVTTC (21 248,30) et on divise par 1,20 pour avoir le PVHT.

10.5 – RETROUVER LES ÉLÉMENTS RELATIFS AU CALCUL DES PRIX

Exercice 4 :

Complétez le tableau ci-dessous : du coût d'achat au prix de vente.

	Produit 1	Produit 2	Produit 3	Produit 4
Coût d'achat HT (CAHT)	1 400		60	180
Taux de marge	30%	40%		
Marge brute				
PVHT				200
TVA	20%	20%	20%	10%
PVTTC		275		
Coefficient multiplicateur			2	

Pour vous aider, il faut savoir que :

1) **Taux de marge :**

$$\frac{Marge\ brute \times 100}{CAHT}$$

2) **Coefficient multiplicateur :**

$$\frac{PV\ TTC}{CAHT}$$

3) **Marge brute** : PVHT - Coût d'achat

Avec ces informations, vous pouvez compléter le tableau, sinon, voici les explications chiffrées :

Réponse

	Produit 1	Produit 2	Produit 3	Produit 4
Coût d'achat HT (CAHT)	1 400	163,69	60	180
Taux de marge	30%	40%	66,67%	11,11%
Marge brute	420	65,48	40	20
PVHT	1 820	229,17	100	200
TVA	20%	20%	20%	10%
PVTTC	2 184	275	120	220
Coefficient multiplicateur	1,56	1,68	2	1,22

Les questions

Produit 1 :

Marge brute = 1 400 × 30% = 420 €

PVHT = 1 400 + 420 = 1 820 €

PVTTC = 1 820 × 1,20 = 2 184 €

Coefficient multiplicateur = 2 184 / 1 400 = 1,56

Produit 2 :

PVHT = 275 / 1,20 = 229,17 €

CAHT = PVHT / (1 + 40% taux de marge) = 229,17 / 1,40 = 163,69 €

Marge brute = 229,17 - 163,69 = 65,48 €

Coefficient multiplicateur = 275 / 163,69 = 1,68

Produit 3 : le coefficient multiplicateur étant **2**

PVTTC = 60 × 2 = 120 €

PVHT = 120 / 1,2 = 100 €

Marge brute = 100 - 60 = 40 €

Taux de marge = (40 / 60) × 100 = 66,67%

Produit 4 :

Marge brute = 200 - 180 = 20 €

Taux de marge = (20 / 180) × 100 = 11,11%

PVTTC = 200 × 1,10 = 220 €

Coefficient multiplicateur = 220 /180 = 1,22

10.6 – APPLIQUER LES CALCULS RELATIFS AU PRIX

Exercice 5 :

A partir des informations suivantes, calculez : le coût d'achat, la marge brute, le taux de marque pratiqué, le taux de marge, le coefficient multiplicateur et le montant de la TVA versée à l'Etat.

- le prix d'achat du produit est de 98,80 €
- le prix de vente est de 372 € TTC
- le coût d'achat s'élève à 125% du PAHT (Prix d'Achat Hors Taxe)
- la TVA est de 20%

1) Coût d'achat HT : CAHT = 98,80 × 1,25* = **123,50 €**

2) Marge brute (je calcule d'abord le prix de vente HT)

$$PVHT = \frac{372}{1,20\,*} = 310\ € = > Marge\ brute = 310 - 123,50 = 186,50\ €$$

3) Taux de marque = $\dfrac{Marge\ brute \times 100}{PVHT} = \dfrac{186,50 \times 100}{310} = 60,16\%$

4) Taux de marge = $\dfrac{Marge\ brute \times 100}{CAHT} = \dfrac{186,50 \times 100}{123,50} = 151\%\,*$

5) Coefficient multiplicateur = $\dfrac{PVTTC}{CAHT} = \dfrac{310 \times 1,20}{123,50} = 3,01$

6) TVA versée à l'Etat = PVHT × 20% = 310 × 20% = **62 €**

Les questions

1,25 car le coût d'achat s'élève à 125% (et dans ce cas, on ne multiplie par 100)
1,51 car le taux de marge est de 151%

10.7 – RETROUVER LE PRIX DE VENTE AVANT LA REMISE

Ceci est une histoire vraie qui arrive « presque » tous les jours. Voulant fidéliser un client, Philippe lui accorda d'emblée 35% de remise sur le prix de vente initial de la formation. Puisqu'on lui proposait une formation pour seulement 450 €, celui-ci lui demanda quel était le prix avant la réduction de 35%.

Avant de regarder la réponse, voulez vous essayer de répondre honnêtement ?

Quelle opération choisiriez vous ?
450 × 35% =
450 × 0,65 =
450 / 0,65 =

Réponse :

450/0,65 = 692,31   692, 31 x 35% = 242,31   242,31 + 450 = 692,31

11 – LES CRITÈRES DE FIXATION DU PRIX DE VENTE

11.1 – CALCULER LE PRIX PSYCHOLOGIQUE

Exercice 1 :

Propriétaire d'une boulangerie, vous voulez commercialiser un nouveau pain à l'orge.
Pour cela, vous devez calculer le prix psychologique de ce pain qui sera vendu.
Voici en Annexe 1, les résultats d'une enquête réalisée auprès des clients.
Les questions posées étaient les suivantes :

1) Au-dessus de quel prix n'achèteriez vous pas ce pain parce que vous le trouveriez trop cher ?

2) En dessous de quel prix n'achèteriez vous pas ce pain car vous penseriez qu'il est éventuellement de mauvaise qualité ?

Travail à effectuer : déterminer le prix psychologique par le calcul

Annexe 1 - Résultats de l'enquête concernant le prix psychologique

Prix de vente	Nombre de réponses à la question 1	Nombre de réponses à la question 2
Moins de 2 €	0	82
2,10 €	0	327
2,30 €	56*	383
2,50 €	92*	130
2,80 €	140	78
3,00 €	221	0
3,50 €	249	0
3,70 €	155	0
4,00 €	85	0
Plus de 4,00 €	2	0
	1 000	1 000

56 personnes sur 1 000, soit 5,6% des interrogés n'achèteraient pas ce pain au-dessus de 2,30 €.

92 personnes sur 1 000, soit 9,2% ne l'achèteraient pas au-dessus de 2,50 €, etc. ....

Je détermine le prix psychologique par le calcul (et j'explique par la suite).

Prix de vente	Nombre de réponses à la question 1	%	% cumulé Q 1	Nombre de réponses à la question 2	%	% cumulé Q2	% acheteurs potentiels
Moins de 2 €	0	0	0	82	8,2	100	0
2,10 €	0	0	0	327	32,7	91,8*	8,2
2,30 €	56	5,6	5,6	383	38,3	59,1*	35,3*
2,50 €	**92**	**9,2**	**14,8***	**130**	**13,0**	**20,8**	**64,4***
2,80 €	140	14	**28,8***	78	7,8	7,8	63,4
3,00 €	221	22,1	50,9	0	0	0	49,1
3,50 €	249	24,9	75,8	0	0	0	24,2
3,70 €	155	15,5	91,3	0	0	0	8,7
4,00 €	85	8,5	99,8	0	0	0	0,2
Plus de 4,00 €	2	0,2	100	0	0	0	0
	1 000	100		1 000	100		

Les questions

Le % cumulé 1 (colonne 4) commence à 0 et finit à 100%, alors que le % cumulé Q2 (colonne 7) commence à 100% et finit à 0.

Colonne 4 (% cumulé Q1) : colonne 4 + colonne 3
Soit : **14,8%** = 5,6% + 9,2% ; 28,8% = 14,8% + 14% ; et ainsi de suite…

Colonne 7 (% cumule Q2) : colonne 7 - colonne 6
Soit : **91,8%** = 100% - 8,2% ; 59,1% = 91,8% - 32,7% ; et ainsi de suite…

Colonne 8 (dernière colonne) représente le % des acheteurs potentiels
Colonne 8 (% acheteurs potentiels) = 100 - [colonne 7 (% cumulé Q2) + colonne 4 (% cumulé Q1)]
Soit : **35,3%** = 100% - (59,1% + 5,6%) ; **64,4%** = 100% - (20,8% + 14,8%) ; et ainsi de suite…

Dans la colonne 8, on constate que le plus grand % d'acheteurs potentiels est de **64,4%**.
Ce pourcentage correspond à un prix de vente du pain à l'orge de **2,50 €**.
Ce prix de vente de **2,50 €** est considéré comme le **prix psychologique**.

Vous n'échapperez pas à une vérification un peu casse-tête, mais ce n'est rien par rapport au temps gagné avec ces explications.

11.2 – APPLIQUER LES CALCULS RELATIFS AU PRIX

Exercice 2 :

La société Beauclasseur fabrique des classeurs. Elle a pour clients des libraires, des supérettes et des petits magasins indépendants. Concernant les supérettes, les ventes de classeur de la société posent question à la direction puisque l'évolution de la part de marché de l'entreprise n'a progressé que de 0,8% au cours des 3 dernières années. Vous souhaitez trouver les raisons de ce problème.

A partir des Annexes 1, 2 et 3 répondre aux questions suivantes :

1) Calculez le prix public moyen des classeurs dans les librairies, les supérettes et les petits magasins indépendants.

2) Comparez ce prix au prix de vente des classeurs de l'entreprise Beauclasseur.

3) Le 3 mars, Monsieur Leclerc qui possède une librairie à Vannes (Bretagne) passe la commande suivante : 600 classeurs rouges, 400 classeurs verts et 800 classeurs jaunes.

Calculez le montant de sa facture HT. Le taux de marge pratiqué sur les classeurs rouges et verts est de 20 % et de 15 % sur les classeurs jaunes.

4) Calculez le taux de marge moyen réalisé sur la commande.

Annexe 1 - Extrait du tarif classeurs (prix distributeurs HT)

Référence	Couleur	Prix
10	Rouge	2,90 €
11	Bleu	2,90 €
12	Vert	3,20 €
13	Noir	3,40 €
14	Jaune	3,80 €

Le taux de marque pratiqué est de 23% et le taux de TVA est de 10%.

Annexe 2 : Répartition des ventes de classeurs en supérettes, librairies et magasins indépendants.

	Supérettes			Magasins indépendants			Librairies		
Ventes	N-1	N-2	N-3	N-1	N-2	N-3	N-1	N-2	N-3
Volume	19 523	19 426	19 330	10 880	10 429	9 973	6 839	5 622	5 042
Valeur (TTC)	29 808	27 682	22 813	33 225	30 785	29 724	31 328	25 180	22 069

Annexe 3. Conditions de vente de Beauclasseur.

Remise quantitative pour <u>chaque référence</u> de classeur :

- de 0 à 200 classeurs : 0%
- de 201 à 400 classeurs : 2%
- de 401 à 600 classeurs : 3%
- plus de 600 classeurs : 4%

1) Je calcule le prix public moyen des classeurs dans les différentes formes de commerce(en €).

	Supérettes	Magasins indépendants	Librairies
N-3	$\frac{22\,813}{19\,330} = 1,18$	2,98	4,38
N-2	**1,42***	2,95	4,48
N-1	**1,53***	3,05	4,58

Note : pour le calcul du prix moyen, on divise la valeur TTC par le volume.
   Soit : **1,42** = 27 682 / 19 426 ; **1,53** = 29 808 / 19 523 ; et ainsi de suite ....

2) J'effectue la comparaison avec le prix de vente des classeurs de Beauclasseur (en €).

Référence	Prix d'achat	Prix de vente HT	Prix de vente TTC
10	2,90	**3,77***	4,15
11	2,90	3,77	4,15
12	3,20	4,16	4,58
13	3,40	4,42	4,86
14	3,80	4,94	5,43
Moyenne			**4,63**

Calcul du prix du prix de vente HT en connaissant le coût d'achat HT et le taux de marque.
On pose le Taux de marque : Tmq = 23% (donnée)

$$Tmq = \frac{Marge\ brute\ \times 100}{PVHT} ; \ soit : \ \frac{Tmq}{100} = \frac{PVHT - CAHT}{PVHT} = 0,23$$

On a : 0,23 × PVHT = PVHT - CAHT => CAHT = PVHT × (1 - 0,23) = PVHT × 0,77
Le prix de vente HT est : PVHT = CAHT / 0,77 ; ex. : PVHT = 2,90 / 0,77 = **3,77 €**
Le taux de TVA est de 10%, soit : PVTTC = PVHT × 1,10

3) Je calcule le montant de la facture HT.

Classeurs	Quantité	Prix unitaire HT	Remise pour quantité	Prix d'achat HT
Rouges	600	2,90	3%	**1 687,80***
Verts	400	3,20	2%	1 254,40
Jaunes	800	3,80	4%	2918,40
Montant de la facture HT				**5 860,60**

Calcul du prix d'achat des classeurs en tenant compte de la remise pour quantité.
ex. : 600 classeurs rouges avec remise de 3% pour quantité (401 à 600 classeurs).
Soit : Prix d'achat HT = 2,90 × 600 × 0,97 = 1 687,80 €

Le montant de la **facture HT** s'élève à **5 860,60 €**

4) Je calcule le taux de marge moyen réalisé sur la commande.

Classeurs	Quantité	Remise pour quantité	PAHT unitaire *(avec remise)*	Taux de marge	PVHT unitaire *(avec marge)*	Total
Rouges	600	3%	**2,81***	20%	**3,37***	2 022,00
Verts	400	2%	3,14	20%	3,77	1 508,00
Jaunes	800	4%	3,65	15%	4,20	3 360,00
Total						6 890,00

$$Taux\ de\ marge\ moyen = \frac{Marge\ brute}{CAHT} \times 100 = \frac{PVHT - CAHT}{CAHT} \times 100$$

$$Taux\ de\ marge\ moyen = \frac{6\ 890,00 - 5\ 860,60}{5\ 860,60} \times 100 = 17,56\%$$

Les questions

Remarque : les calculs sont effectués en reprenant à chaque étape les valeurs arrondies à 2 décimales.
Si on développe le calcul en conservant toutes les valeurs intermédiaires avec la précision de la calculette le résultat final est légèrement différent (dans ce cas les erreurs d'arrondies sont moins sensibles). Précisons que l'important de ces exercices est la méthode de résolution et non la précision du résultat de calcul.

2,81 = 2,90 × 0,97, soit le prix d'un classeur rouge moins la remise de 3% pour quantité.

Calcul du prix du prix de vente HT en connaissant le coût d'achat HT et le taux de marge.
On pose le Taux de marge : Tmg = 20% pour les classeurs rouges et verts (données)
Il est pratique d'exprimer Tmg directement en valeur et non en pourcentage soit : Tmg = 0,20 = 20%

$$Tmg = \frac{PVHT - CAHT}{CAHT}\ ;\ soit : Tmg \times CAHT = PVHT - CAHT$$

Le prix de vente HT est : PVHT = CAHT × (1 + Tmg)

Soit : 2,81 × (1 + 0,20) = **3,37 €**

11.3 – CHIFFRE D'AFFAIRES PRÉVISIONNEL ET COEFFICIENT D'ÉLASTICITÉ

Le gérant d'une société spécialisée a noté que les ventes d'aspirateurs avait diminué au cours des deux derniers trimestres. Le chiffre d'affaires mensuel de ces produits atteint 361 200 € pour **2 120** produits vendus. Travaillant dans cette entreprise, vous êtes chargé de mettre en place une opération commerciale sur ce produit et de baisser le prix de 25% au cours du mois suivant. L'élasticité pour ce produit est : **- 2**.

Travail à faire :

1) Calculez le chiffre d'affaires prévisionnel du sous-rayon aspirateurs.

   Cette gamme de produits se compose de trois marques : A, B et C.

   L'opération commerciale ne concernera que la **marque C**.

   En voici les résultats dans le tableau ci-dessous.

2) Calculez l'élasticité de la demande du produit B par rapport au produit C. Qu'en concluez-vous ?

	Produit A	Produit B	Produit C
Avant la promotion			
Quantités vendues	200	500	125
Prix de vente	100	190	240
Après la promotion			
Quantités vendues	250	375	310
Prix de vente	100	190	180*

Note : **180** = 240 × 0,75 ; le 0,75, c'est pour calculer directement le prix (baisse commerciale de 25%).
Sinon, on peut effectuer : 240 × 25% = 60 => 240 - 60 = **180** (c'est moins rapide)

1) Calcul du chiffre d'affaires prévisionnel du sous-rayon aspirateur

L'élasticité « e » pour ce produit est : **- 2*** et son expression s'écrit :

$$e = \frac{\frac{\Delta D}{D}}{\frac{\Delta P}{P}} = \frac{\frac{\Delta D}{D}}{-25\%} = -2 \; ; \; e = (-25\%) \, x \, (-2) = +50\%$$

La variation de la demande / (divisée) demande est : $(\Delta D / D) = (-2) \times (-25\%)$ = **+50%**

La variation de la demande d'aspirateurs est : $\Delta D = (2\,120 \times 1,5) - 2\,120$ = **1 060**

La société a vendu 2 120 aspirateurs pour 361 200 €, soit un prix de vente unitaire de 170,38 €.
Une diminution du prix de 25% amènera ce produit au prix unitaire de : 127,79 € (170,38 × 0,75).

Le chiffre d'affaires mensuel et prévisionnel sera de : 3 180* × 127,79 = **406 372,20 €**

avec : 3 180 = 2 120 + 1 060

2) Calcul de l'élasticité de la demande du produit B par rapport au produit C

Il faut mesurer l'incidence de la diminution du prix des aspirateurs C sur les ventes des aspirateurs B.

La remise pour promotion n'affecte que le prix du produit C.
En sachant qu'avant la promotion sur le produit C, la quantité vendue de produits B est de 500 unités.
Et après la promotion sur le produit C, la quantité vendue de produits B est de 375 unités.

Calcul de l'élasticité sur le produit B avant et après la promotion sur le produit C (-25%).

$$e = \frac{\dfrac{\Delta D}{D}}{\dfrac{\Delta P}{P}} = \frac{\dfrac{(375 - 500)}{500}}{-25\%} = \frac{-25\%}{-25\%} = 1$$

Pour le produit B l'élasticité est de 1 et la demande est peu élastique à cause de la diminution des ventes des aspirateurs B ; la valeur de -25% correspond à la baisse sur le prix.
<u>Note</u> : pour éviter des erreurs, calculez séparément le numérateur => -25%

Les questions

Que veut dire l'élasticité pour ce produit est de -2.
Dans cet exercice, le prix baisse de : (-25%) × (- 2) = **50%**

Comment écrire le symbole Δ ?
Dans le traitement de texte Word, sélectionnez la police dans le menu « Insertion / Symbole ».
Choisir la police « Symbol » vers le bas des différentes polices (classement par ordre alphabétique).
Choisir le caractère « Δ » dont la forme est bien adaptée aux relations mathématiques.

Explications sur les variations (Δ) de la demande et du prix dans la relation e sur l'élasticité.

$\dfrac{\Delta D}{D}$ cela veut simplement dire variation de la demande / *(divisée)* par la demande

$\dfrac{\Delta P}{P}$ cela veut simplement dire variation du prix / *(divisée)* par le prix

Pour vous aider, voyez à quoi cela correspond : (375 - 500), soit : 375 après la promotion et 500 avant.

11.4 – ELASTICITÉ DE LA DEMANDE

Exercice :

La société L commercialise deux produits.
Le produit X, dont le coût de fabrication unitaire est de 55,60 €, est vendu au prix de 98,10 € et les ventes mensuelles s'élèvent à 2 000 unités.
Le produit Y, dont le coût de fabrication est de 48,20 €, est vendu 66,00 € et les quantités mensuelles vendues sont de 5 000 unités.
Le prix de sa matière première va augmenter de 10%.
Le responsable de l'entreprise va donc lui aussi augmenter son prix de 10%.

1) Que va-t-il se passer, sachant que l'élasticité de la demande est de +1 pour le produit X (e_pX) et de -0,6 pour le produit Y (e_pY) ?
Justifiez votre analyse en calculant la marge avant l'augmentation et la marge après l'augmentation.

2) Calculez la même augmentation avec e_pX = -1,3 et e_pY = -0,6

1) Elasticité de la demande lorsqu'elle est de +1 pour le produit X (e_pX) et de -0,6 pour le produit Y (e_pY)

➤ Je calcule la marge **avant l'augmentation** du prix de 10% sur la matière première

Sur produit X : 2 000 × (98,10 - 55,60) = 85 000 €

Sur produit Y : 5 000 × (66,00 - 48,20) = 89 000 €

Total : 85 000 + 89 000 = **174 000 €**

➤Je calcule maintenant la marge **après l'augmentation** des matières premières :

◆ e_pX = +1 signifie qu'une augmentation du prix de vente de 10% s'accompagne d'une augmentation de la demande de 10% (+1 car augmentation de 10%).

Nombre de produits vendus X à espérer :

Quantité : 2 000 × 1,10 = 2 200 unités

PAHT = 55,60 × 1,10 = 61,16 €

PVHT = 98,10 × 1,10 = 107,91 €

Marge = 2200 × (107,91 - 61,16) = **102 850 €**

La marge « nouvelle » sur le produit X est supérieure à l'ancienne : 102 850 contre 85 000 avant.

◆ e_pY = - 0 ,6 signifie qu'une augmentation du prix de vente de 10% s'accompagne d'une diminution de la demande de 6%.

Nombre de produits vendus Y à espérer :

Quantité : 5 000 × 0,94* = 4 700 unités (0,94 = 1 - 0,06 ; soit : 6% de la diminution de la demande)

PAHT = 48,20 × 1,10 = 53,02 €

PVHT = 66,00 × 1,10 = 72,60 €

Marge = 4 700 ×(72,60 - 53,02) = **92 026 €**

La marge « nouvelle » sur le produit Y est supérieure à l'ancienne : 92 026 contre 89 000 avant.

Marge totale = 102 850 + 92 026 = 194 876 € => mieux que 174 000 €

194 876 / 174 000 = 1,12 ; soit une augmentation de 12% de la marge

L'augmentation de 10% a permis **d'augmenter la marge de 12%.**

2) Calculez la même augmentation avec $e_pX = -1,3$ et $e_pY = -0,6$

- $e_pX = -1,3$ signifie qu'une augmentation du prix de vente de 10% s'accompagne d'une diminution de la demande de 13%.

Nombre de produits vendus X à espérer :

   Quantité : 2 000 × 0,87* = 1 740 unités (0,87 = 1 - 0,13 ; soit : 13% de diminution de la demande)

   PAHT = 55,60 × 1,10 = 61,16 €

   PVHT = 98,10 × 1,10 = 107,91 €

   Marge = 1 740 × (107,91 - 61,16) = **81 345 €**

   La marge « nouvelle » sur le produit X est inférieure à l'ancienne : 81 345 contre 85 000 avant.

- **$e_pY = -0,6$** a déjà été calculé dans la question 1 et sa marge est de 92 026 € (mieux que 85 000 €)

Marge totale = 81 345 + 92 026 = **173 371 €** au lieu de 174 000 €avant l'augmentation du prix.

La hausse de prix de 10% maintient pratiquement la marge initiale de 174 000 €.

11.5 – CALCULER L'ÉLASTICITÉ DE LA DEMANDE

Une compagnie aérienne veut revoir sa politique de prix afin d'augmenter le nombre de ses clients pour le vol Paris- Isla Bonita. La demande quotidienne de billets d'avion entre ces deux destinations suit la tendance détaillée dans le tableau ci-dessous :

Evolution des ventes de billets d'avion en fonction du prix

Classe économique		Classe affaires	
Prix en €	Nombre de billets	Prix en €	Nombre de billets
600	1 000	1 200	322
900	900	1 800	258
1 300	610	2 600	192
1 560	580	3 120	129

Travail à effectuer : calculez l'élasticité de la demande de billets si le prix passe de 1 560 € à 900 € pour la classe économique et de 3 120 à 1 200 pour la classe affaires.

Elasticité de la demande pour la classe économique

$$e = \frac{\frac{\Delta D}{D}}{\frac{\Delta P}{P}} = \frac{\frac{(900 - 580)}{580}}{\frac{(900 - 1\,560)}{1\,560}} = \frac{0,55}{-0,42} = -1,31$$

Elasticité de la demande pour la classe affaires

$$e = \frac{\frac{\Delta D}{D}}{\frac{\Delta P}{P}} = \frac{\frac{(322 - 129)}{129}}{\frac{(1\,200 - 3\,120)}{3\,120}} = \frac{1,50}{-0,62} = -2,42$$

Conclusion : le nombre de billets vendus augmente chaque fois que le prix baisse pour les billets vendus en classe éco ou en classe affaires.

Ce n'est pas obligatoirement le cas, vous pouvez toujours baisser de 80% le prix du billet Paris - Damas, vous n'aurez sûrement pas une augmentation des ventes.

12 – LE COMPTE DE RÉSULTAT ET SON ANALYSE

12.1 – ETABLIR UN COMPTE DE RÉSULTAT

Calculer le résultat d'exploitation, le résultat financier et le résultat exceptionnel

Exercice : le responsable de l'entreprise Gérarmensoif vous demande d'établir son compte de résultat pour l'exercice N. Il vous remet la balance de l'exercice N (Annexe).

Travail à faire :

1) A partir de la balance, dites si l'activité de l'entreprise est commerciale ou non.
   Présentez le compte de résultat de l'année N.
2) Pour l'exercice N, calculez le résultat d'exploitation, le résultat financier et le résultat exceptionnel.

Annexe - Balance de l'entreprise Gérarmensoif au 31/12/N

N°	Libellés	Débit	Crédit
6037*	Variation des stocks de marchandises	11 650	
606	Achats non stockés de matières et fournitures*	8 610	
607	Achats de marchandises	531 390	
613	Locations	19 130	
615	Entretien et réparations	14 120	
616	Primes d'assurances	41 580	
623	Publicité, publications, relations publiques	20 290	
626	Frais postaux et de télécommunications	730	
627	Services bancaires et assimilés	3 100	
630	Impôts, taxes et versements assimilés	25 160	
641	Rémunérations du personnel	174 830	
645	Charges de sécurité sociale et de prévoyance	74 950	
661	Charges d'intérêts	34 620	
667	Charges nettes sur cessions de VMP	550	
675	Valeurs comptables des éléments d'actifs cédés	11 300	
6811	Dotations aux amortissements (immobilisations incorporelles et corporelles)	33 830	
6817	Dotations aux provisions pour dépréciation des actifs circulants	5 940	
6865	Dotations aux provisions pour dépréciation des éléments financiers	1 910	
687	Dotations aux amortissements et aux provisions (charges exceptionnelles)	990	
695	Impôts sur les bénéfices	45 870	
707	Ventes de marchandises		1 101 160
708*	Produits des activités annexes*		7 505
750	Autres produits de gestion courante		455
764	Revenus de VMP*		3 235
767	Produits nets sur cession de VMP*		1 005
775	Produits des cessions d'éléments d'actif		12 800
78174	Reprises sur provisions pour dépréciation des créances		740
7866	Reprises sur provisions pour dépréciation des éléments financiers		455
	TOTAUX	**1 060 550**	**1 127 355**

A chaque libellé du tableau de la balance, il correspond son numéro officiel.
Le n° **606** correspond aux « Achats non stockés de matières et fournitures », mais pour le n° 6037 ce sont la « Variation des stocks de marchandises », etc.…

Il faut surtout noter ce qui est charges (d'exploitation, financières et exceptionnelles) et les produits (d'exploitation, financiers et exceptionnels).

Pour un repérage pratique, j'ai mis ce qui est charges en jaune et produits en vert.

Remarque sur la numérotation des libellés :

6037 : si le nombre commence par **6,** ce sont des charges

708 : si le nombre commence par **7**, ce sont des produits

Par la suite, il faut effectuer un classement plus détaillé (voir le tableau du compte de résultat).

Exemple : on distingue les produits d'exploitation et les produits financiers.

Notes :

Revenus de VMP : revenus de valeurs mobilières de placement

RRR *(il n'est pas sur cette liste)* signifie : rabais, remise, ristourne

1) Présentation du compte de résultat

L'entreprise Gérarmensoif est une **entreprise commerciale** puisque la balance fait figurer les **comptes Achats et Ventes de marchandises** et non pas Achats de matières premières et Ventes de produits finis (auquel cas, ce serait une entreprise industrielle).

Compte de résultat de l'entreprise Gérarmensoif au 31/12/N

Charges HT	Totaux	Produits HT	Totaux
Charges d'exploitation		**Produits d'exploitation**	
Achats de marchandises	531 390	Ventes de marchandises et produits annexes	1 108 665
Variation des stocks de marchandises	11 650	Production vendue	0
Achats non stockés de matières et fournitures	8 610	**Montant net du chiffre d'affaires**	1 108 665
		Production stockée	0
Services extérieurs :		*Reprises sur provisions :*	
Locations	19 130	Dépréciation des créances	740
Entretien et réparations	14 120	Dépréciation des éléments financiers	455
Primes d'assurances	10 000	**Total exploitation**	**1 109 860**
Etudes et recherches	31 580		
Autres services extérieurs :			
Publicité, publications, relations publiques	15 780		
Déplacements, missions et réceptions	4 510		
Frais postaux et de télécommunications	730		
Services bancaires et assimilés	3 100		
Impôts, taxes et versements assimilés	25 160		
Charges de personnel :			
Rémunération du personnel	174 830		
Charges de sécurité sociale et de prévoyance	74 950		
Dotations aux amortissements et provisions :			
Immobilisations incorporelles et corporelles	33 830		
Dépréciation des actifs circulants	5 940		
Total exploitation	**965 310**		
Charges financières		**Produits financiers**	
Dépréciation des éléments financiers	1 910	Revenus de VMP	3 235
Charges d'intérêts	34 620	Autres produits de gestion courante	455
Charges nettes sur cessions de VMP	550	Produits nets sur cessions de VMP	1 005
Total financier	**37 080**	**Total financier**	**4 695**
Charges exceptionnelles		**Produits exceptionnels**	
Sur opérations en capital :		*Sur opérations en capital :*	
Valeurs comptables des actifs cédés	11 300	Produits des cessions d'éléments d'actif	12 800
Dotations aux amortissements et provisions	990		
Total exceptionnel	**12 290**	**Total exceptionnel**	**12 800**
Impôts sur les bénéfices	**45 870**		
Solde créditeur : bénéfices	**66 805**	**Solde débiteur : pertes**	
TOTAL GENERAL	1 127 355	TOTAL GENERAL	1 127 355

Les questions

- Tableau de balance : 41 580 = 10 000 + 31 580 (tableau de compte de résultat)

  Tableau de balance de l'entreprise : le libellé n° 616 (Primes d'assurances) présente un débit de 41 580.
  Tableau de compte de résultat ce libellé n° 616 est décomposé en 2 parties : Primes d'assurances (10 000) et Etudes et recherches (31 580). C'est ainsi que cela fonctionne.

- Tableau de balance : 20 290 = 15 780 + 4 510 (tableau de compte de résultat)

  Tableau de balance de l'entreprise : le libellé n° 623 (Publicité, publications, relations publiques) présente un débit est de 20 290.
  Tableau de compte de résultat ce libellé n° 623 est décomposé en 2 parties : Publicité, publications, relations publiques (15 780) et Déplacements, missions et réceptions (4 510).

- Tableau de compte de résultat : 1 108 665 = 1 101 160 + 7 505 (tableau de balance)

  Tableau de compte de résultat : Les ventes de marchandises sont de 1 108 665.
  Tableau de balance: ces ventes de marchandises sont décomposée en 2 parties : n° 707 pour les Ventes de marchandises (1 101 160) et n° 708 pour les Produits des activités annexes (7 505).

- Tableau de compte de résultat : le solde créditeur (bénéfices) 66 805, c'est la soustraction des totaux dans le tableau de la balance de l'entreprise.
  Soit : 1 127 355 (total crédit) - 1 060 550 (total débit) = 66 805

N'oubliez pas : dans le tableau du compte de résultat de l'entreprise, **le total général doit être le même côté charges** *(colonne de gauche)* et **côté produits** *(colonne de droite)*.
Dans ce cas précis, le total général est de : **1 127 355 €**.

2) Je calcule le résultat d'exploitation, le résultat financier et le résultat exceptionnel.

- Le résultat d'exploitation est égal à :
  Total des produits d'exploitation - Total des charges d'exploitation
  Soit : 1 109 860 - 965 310 = **144 550 €**

- Le résultat financier est égal à :
  Total des produits financiers - Total des charges financières
  Soit : 4 695 - 37 080 = **- 32 385 €**

- Le résultat exceptionnel est égal à :
  Total des produits exceptionnels - Total des charges exceptionnelles
  Soit : 12 800 - 12 290 = **510 €**

12.2 – DÉTERMINER LE RÉSULTAT D'UNE UNITÉ COMMERCIALE

Vous avez les éléments comptables permettant de déterminer le résultat pour l'année N (Annexe).

Exercice : Calculez le résultat de l'unité commerciale pour l'exercice N

Annexe - Données comptables de l'UC Ming au 31/12/N

Achats de marchandises :	53 200 €
Ventes de marchandises :	119 300 €
Frais de personnel :	23 000 €
Publicité :	3 000 €
Impôts et taxes :	13 100 €
Charges d'intérêts :	2 000 €
Dotations aux amortissements :	7 600 €
Escomptes obtenus :	1 200 €
Frais postaux :	380 €
Amendes :	45 €

Calcul du résultat de l'UC Ming
Le résultat de l'UC se calcule en effectuant le total des produits moins le total des charges.

Total des produits =
Ventes de marchandises :.................119 300
Escomptes obtenus :...........................1 200
Total :...120 500

Total des charges =
Achats de marchandises : 53 200
Frais de personnel :............................23 000
Publicité :...3 000
Impôts et Taxes :................................13 100
Charges d'intérêts :..............................2 000
Dotations aux amortissements :...........7 600
Frais postaux :.......................................380
Amendes :..45
Total 102 325

Résultat = 120 500 - 102 325 = 18 175 €

L'UC Ming a réalisé un bénéfice pour l'exercice N.

CALCULER LES SIG ET LES RATIOS DE LA SOCIÉTÉ CHAMPI

Pour analyser la santé financière de votre société, présentons les comptes de résultat des années N et N-1.

Exercice : Compte de résultat de la société Champi

1) Présentez le tableau des soldes intermédiaires de gestion pour l'année N.
2) Calculez les ratios suivants pour les années N-1 et N et commentez les :

$$\frac{Valeur\ ajoutée}{Chiffre\ d'affaires} \; ; \; \frac{Charges\ de\ personnel}{Valeur\ ajoutée} \; ; \; \frac{Résultat\ d'exploitation}{Chiffre\ d'affaires} \; ; \; \frac{EBE}{Chiffre\ d'affaires}$$

Charges	N	N-1	Produits	N	N-1
Charges d'exploitation			**Produits d'exploitation**		
Achats de marchandises			Vente de marchandises		
Variations de stock			Production vendue	1 035 900,20	878 746,30
Achat mat. et autres approv.	187 102,30	151 734,60	Sous-total A : montant du CA	1 035 900,20	878 746,30
Variation de stock	1 515,60	-10 142,60	Production stockée		
Autres achats et charges ext.	247 598,70	240 416,10	Production d'exploitation		
Impôts, taxes et vers. assimilés	30 547,15	21 676,60	Subventions d'exploitation	385,00	
Salaires et traitements	329 512,70	287 445,20	Reprises sur provisions	24 191,50	
Charges sociales	110 546,65	89 903,50	Sous-total B	24 576,50	
Dot. aux amort. s/immobilier	45 135,70	30 625,25			
Dot. aux prov. s/actifs circulant	9 961,00	15 890,80			
Autres charges	35 368,30				
TOTAL	**997 288,10**	**827 549,45**	**TOTAL**	**1 064 476,70**	**878 746,30**
Quote-part sur op en commun			Quote-part sur op en commun		
Intérêts et charges assimilés	7 720,00	5 104,70	Produits financiers		
			D'autres valeurs immobilières		5 139,40
			Autres intérêts et prod. assim.		
TOTAL	**7 720,00**	**5 104,70**	**TOTAL**		**5 139,40**
Charges exceptionnelles		2 394,90	Produits exceptionnels	4 705,10	980,60
Sur opérations de gestion		6 586,20	Sur opérations de gestion		7 000,00
Sur opération de capital		7 100,00	Sur opérations de capital		
TOTAL		**16 081,10**	**TOTAL**	**4 705,10**	**7 980,60**
Participation des salariés					
Impôts sur bénéfices	19 447,80	13 353,50			
TOTAL DES CHARGES	**1 024 455,90**	**862 088,75**	**TOTAL DES PRODUITS**	**1 065 181,80**	**891 866,30**
Solde créditeur : bénéfice	32 628,70	20 487,20	Solde débiteur : perte		
TOTAL GENERAL	1 057 084,60	882 575,95	TOTAL GENERAL	1 065 181,80	891 866,30

1) Tableau des soldes intermédiaires de gestion pour l'année N

Compte de résultat de la société Champi

Année N				SIG	Montants	
Produits	Montants	Charges	Montants		N	N-1
Ventes de marchandises		Coût d'achat des marchandises vendues		Marge commerciale		
Production vendue Production stockée Production immobilisée **Total**	1 035 900,20 **1 035 900,20**	ou déstockage de production **Total**		Production de l'exercice	1 035 900,20	878 746,30
Marge commerciale Production de l'exercice **Total**	1 035 900,20 **1 035 900,20**	Consommation de l'exercice en provenance de tiers **Total**	436 216,60 **436 216,60**	Valeur ajoutée	599 683,60	496 738,20
Valeur ajoutée produits Subventions d'exploitation **Total**	599 683,60 385,00 **600 068,60**	Impôts, taxes et versements assimilés Charges de personnel **Total**	30 547,15 440 059,35 **470 606,50**	EBE	129 462,10	97 712,90
Excédent brut d'exploitation Reprises sur charges et Transfert Autres produits **Total**	129 462,10 24 191,50 **153 653,60**	Ou insuffisance d'exploitation Dotations aux amortissements et provisions Autres charges **Total**	 55 096,70 35 368,30 **90 465,00**	Résultat exploitation	63 188,60	51 196,85
Résultat d'exploitation Quote-part de résultat sur opérations faites en commun Produits financiers **Total**	63 188,60 **63 188,60**	Résultat d'exploitation Quote-part de résultat sur opérations faites en commun Charges financières **Total**	 7 720,00 **7 720,00**	Résultat courant avant impôts	55 468,60	46 092,15
Produits exceptionnels	4 705,10	Charges exceptionnelles		Résultat exceptionnel	4 705,10	980,60
Résultat courant avant Impôts Résultat exceptionnel **Total**	55 468,60 4 705,10 **60 173,70**	Ou résultat courant avant impôts ou résultat exceptionnel Participation des salariés Impôts sur les bénéfices **Total**	 19 447,80 **19 447,80**	Résultat de l'exercice	40 725,90	47 072,75

Explications : elles se réfèrent au tableau du compte de résultat de la société et du tableau des données.

◆ Année N

Production de l'exercice : 1 035 900,20 €

Valeur ajoutée : 599 683,60 €

    Valeur ajoutée : 1 035 900,20 (Produits) - 436 216,60 (Charges) = 599 683,60 €

    - Produits : 1 035 900,20 (Production vendue)

    - Charges : 436 216,60 (Consommation de l'exercice en provenance de tiers)
        436 216,60 = 187 102,30 (Achat matériel et autres approvisionnements) + 1 515,60 (Variation de stock) + 247 598,70 (Autres achats et charges ext.)

EBE : 129 462,10 €

    EBE : 600 068,60 (Produits) - 470 606,50 (Charges) = 129 462,10 €

    - Produits : 600 068,60 = 599 683,60 (Valeur ajoutée produits) + 385 (Subventions d'exploitation)

    - Charges : 470 606,50 = 30 547,15 (Impôts, taxes et autres) + 440 059,35 (Charges de personnel)
        Avec : 440 059,35 = 329 512,70 (Salaires et traitements) + 110 546,65 (Charges sociales)

Résultat d'exploitation : 63 188,60 €

    Résultat d'exploitation : 153 653,60 (Produits) - 90 465 (Charges) = 63 188,60 €

    - Produits : 153 653,60 = 129 462,10 (Excédent d'exploitation) + 24 191,50 (Reprises sur provisions)

    - Charges : 90 465 = 55 096,70 (Dot. aux amortissements et provisions) + 35 368,30 (Autres charges)
        Avec : 55 096,70 = 45 135,70 (Dot. amort. s/immobilier) + 9 961 (Dot. prov. s/actifs circulant)

Résultat courant avant impôts : 55 468,60 €

    Résultat courant avant impôts : 63 188,60 (Produits) - 7 720 (Charges) = 55 468,60 €

    - Produits : 63 188,60 (Résultat d'exploitation)

    - Charges : 7 720 (Intérêts et charges assimilées)

Résultat exceptionnel : 4 705,10 €

    Résultat exceptionnel : 4 705,10 (Produits exceptionnels) ; pas de charge except. pour l'année N

Résultat de l'exercice : 40 725,90 €

    Résultat de l'exercice : 60 173,70 (Produits) - 19 447,80 (Charges) = 40 725,90 €

    - Produits : 60 173,70 = 55 468,60 (Résultat courant avant impôts) + 4 705,10 (Résultat exceptionnel)

    - Charges : 19 447,80 (Impôts sur bénéfices)

◆ Année N-1 : présentation limitée aux principaux résultats *(démonstration analogue à l'année N).*

Production de l'exercice : 878 746,30 €

Valeur ajoutée : 496 738,20 €

EBE : 97 712,90 €

Résultat d'exploitation : 51 196,85 €

Résultat courant avant impôts : 46 092,15 €

Résultat exceptionnel : 980,60 €

Résultat de l'exercice : 47 072,75 €

2) Calcul des ratios

	N-1	N	Commentaires
$\dfrac{Valeur\ ajout\acute{e}e}{Chiffre\ d'affaires} =$	0,565	0,579	La valeur ajoutée en N représente 57,9% du CA. C'est un bon résultat et le ratio a progressé entre N et N-1.
$\dfrac{Charges\ du\ personnel}{Valeur\ ajout\acute{e}e} =$	0,760	0,734	Les charges de personnel représentent 73,4% de la valeur ajoutée (année N), ce qui est encore trop. Elles ont toutefois baissées par rapport à l'année précédente N-1.
$\dfrac{R\acute{e}sultat\ d'exploitation}{Chiffre\ d'affaires} =$	0,058	0,061	Le résultat d'exploitation est assez faible. Il ne représente que 6% du CA à l'année N. Il a tout de même progressé puisqu'il était de 5,8% à l'année précédente N-1.
$\dfrac{EBE}{Chiffre\ d'affaires} =$	0,111	0,125	L'excédent brut d'exploitation est faible avec 12,5% du chiffre d'affaires, mais il a également progressé par rapport à l'année précédente N-1.

<u>Note</u> : $0,579 \times 100 \Rightarrow 57,9\%$ et ainsi de suite pour les autres pourcentages.

Explications : détail des ratios

Année N	Année N-1
$\dfrac{Valeur\ ajout\acute{e}e}{Chiffre\ d'affaires} = \dfrac{599\ 683,60}{1\ 035\ 900,20} = 0,579$	$\dfrac{Valeur\ ajout\acute{e}e}{Chiffre\ d'affaires} = \dfrac{496\ 738,20}{878\ 746,30} = 0,565$
$\dfrac{Charges\ du\ personnel}{Valeur\ ajout\acute{e}e} = \dfrac{440\ 059,35}{599\ 683,60} = 0,734$	$\dfrac{Charges\ du\ personnel}{Valeur\ ajout\acute{e}e} = \dfrac{377\ 348,70}{496\ 738,20} = 0,760$
$\dfrac{R\acute{e}sultat\ d'exploitation}{Chiffre\ d'affaires} = \dfrac{63\ 188,60}{1\ 035\ 900,20} = 0,061$	$\dfrac{R\acute{e}sultat\ d'exploitation}{Chiffre\ d'affaires} = \dfrac{51\ 196,85}{878\ 746,30} = 0,058$
$\dfrac{EBE}{Chiffre\ d'affaires} = \dfrac{129\ 462,10}{1\ 035\ 900,20} = 0,125$	$\dfrac{EBE}{Chiffre\ d'affaires} = \dfrac{97\ 712,90}{878\ 746,30} = 0,111$

<u>Note</u> : dans cet exercice relativement complexe, il n'y a pas de calcul de la marge commerciale (voir tableau tout en haut). Elle se calcule ainsi : Vente de marchandises - Coût d'achat des marchandises vendues.

CALCULER LA CAPACITÉ D'AUTOFINANCEMENT

Exercice 1 :

La société A&C souhaite développer son activité.
Travaillant au service comptable, vous devez évaluer la capacité de votre entreprise à s'autofinancer.
On vous remet le compte de résultat de l'année N (Annexe).

Travail à faire : à partir du compte de résultat, calculez la CAF.

<u>Annexe</u> - Compte de résultat de la société A&C (année N)

Produits d'exploitation	Montant	Produits financiers	Montant
Ventes de marchandises	33 300	Produits financiers de participation	11 840
Production vendue	72 520	Autres intérêts et produits assimilés	6 660
Montant net du chiffre d'affaires*	**105 820**	Reprises sur amortissements et provisions	592
Production stockée	911		
Production immobilisée	185		
Subventions d'exploitation	163		
Reprises sur amortissements et provisions	220		
Autres produits	1 490		
TOTAL	**108 789**	**TOTAL**	**19 092**
Charges d'exploitation		**Charges financières**	
Achats de marchandises	15 525	Dotations aux amortissements et provisions	1 006
Variations du stock de marchandises	- 525	Intérêts et charges assimilés	185
Achats de matières et autres appro.	333	**TOTAL**	**1 191**
Variations du stock de matières	74		
Autres achats et charges externes	8 660	**RESULTAT FINANCIER***	**17 901**
Impôts et taxes	9 955	**RESULTAT COURANT AVANT IMPÔT***	**35 981**
Salaires et traitements	33 970		
Charges sociales	16 532	Participation des salariés aux fruits de l'expansion	1 380
Dotations aux amortissements et provisions	5 815		
Autres charges	370	Impôt sur les bénéfices	11 994
TOTAL	**90 709**		
RESULTAT D'EXPLOITATION*	**18 080**	**RESULTAT***	**22 607**

Les questions

Montant net du chiffre d'affaires : **105 820** = 33 300 + 72 520
Soit : **108 789** = 105 820 + 911 + 185 + 163 + 220 + 1 490

18 080 = 108 789 - 90 709
17 901 = 19 092 - 1 191

35 981 = 18 080 + 17 901 = Résultat d'exploitation + Résultat financier
11 994 = 35 981 / 3 (le taux de l'impôt est de 33,33%)*
22 607 = 35 981 - 1 380 - 11 994

Calcul de la CAF

Résultat net comptable	**22 607**
Charges non décaissées	
+ Dotations aux amortissements et provisions d' exploitation	5 815
+ Dotations aux amortissements et provisions financières	1 006
+ Dotations aux amortissements et provisions exceptionnelles	
Produits non encaissés	
- Reprises aux amortissements et provisions d'exploitation	220
- Reprises aux amortissements et provisions financières	592
- Reprises aux amortissements et provisions exceptionnelles	
CAF*	**28 616**

28 616 = 22 607 + 5 815 + 1 006 - 220 - 592

Les questions

Le taux de 33,33% est il toujours retenu pour le calcul de l'impôt sur les bénéfices ?

Réponse : Non.
Si votre structure administrative est inscrite au tribunal de commerce en qualité de **société commerciale, il vous faudra payer un impôt société de :**

- ◆ **15%** en dessous de 38 120 € de bénéfices
- ◆ **33,33%** au-dessus de 38 120 € de bénéfices

Si votre structure est celle de travailleur indépendant, vous relevez du barème de l'impôt sur le revenu et le résultat devra être déclaré avec votre déclaration annuelle.

Pour finir, on peut aussi calculer la CAF à partir des chiffres du bilan annuel.

15.1 – DÉTERMINER LES APPORTS PERSONNELS

Au début janvier N, deux amis décident d'ouvrir un commerce de produits en vogue.
Ils apportent à leur exploitation :

- 1 local : 75 000 €

- 1 ordinateur : 1 700 €

- 1 caisse enregistreuse : 480 €

- du mobilier de bureau : 600 €

- des marchandises : 21 200 €

Ils dépensent pour l'aménagement de la boutique : 18 200 €
Ils ouvrent un compte dans une banque et ils y déposent 11 000 € et versent 600 € d'espèce en caisse.
Ils ont une dette fournisseur de 10 000 €.
Toutes ces opérations ont été financées par un apport personnel.

Exercice 1 :

1) Déterminer le montant des apports personnels.

2) Etablir le bilan d'ouverture du magasin au 1er janvier N.

1) Je calcule le montant des apports personnels :

75 000 + 1 700 + 480 + 600 + 21 200 + 18 200 + 11 000 + 600 - 10 000 = **118 780 €**

2) J'établis le bilan d'ouverture du magasin au 1er janvier N.

Actif		Passif	
Actif immobilisé		**Capitaux propres**	
Constructions	75 000	Capital	118 780
Aménagements	18 200		
Matériel de bureau	2 180		
Mobilier	600		
Total 1	**95 980**	**Total 1**	**118 780**
Actif circulant		**Dettes**	
Stock de marchandises	21 200	Fournisseurs	10 000
Banque	11 000		
Caisse	600		
Total 2	**32 800**	**Total 2**	**10 000**
Total général	**128 780**	**Total général**	**128 780**

15.2 – CALCULER LE PATRIMOINE, PRÉSENTER LE BILAN

Exercice 2 :

Voici les comptes de la société Jill au 31/12/N.
- Immobilisations : 63 000 €
- Stocks : 11 100 €
- Créances clients : 14 340 €
- Disponibilités : 5 500 €
- Emprunts : 17 500 €
- Dettes fournisseurs : 7 000 €
- Autres dettes : 1 750 €

Travail à effectuer :
1) Calculer le patrimoine de l'unité commerciale Jill
2) Présenter le bilan de l'unité commerciale Jill

1) Je calcule le patrimoine de l'unité commerciale Jill.

Patrimoine = actifs - dettes
Le montant du patrimoine de la société Jill s'élève à :
63 000 + 11 100 + 14 340 + 5 500 - 17 500 - 7 000 - 1 750 = **67 690 €**

2) Je présente le bilan de l'unité commerciale Jill.

Actif			Passif		
Actif immobilisé			**Capitaux propres**		
Immobilisations		63 000	Capital		67 690
Total 1		**63 000**	**Total 1**		**67 690**
Actif circulant			**Dettes**		
Stocks de marchandises		11 100	Emprunts		17 500
Créances clients		14 340	Fournisseurs		7 000
Disponibilités		5 500	Autres dettes		1 750
Total 2		**30 940**	**Total 2**		**26 250**
Total général		**93 940**	**Total général**		**93 940**

<u>Note</u> : à gauche et à droite, le résultat général doit être le même.

15.3 – ETABLIR UN BILAN ET DÉTERMINER LE RÉSULTAT

Exercice : à partir de la balance de la société E&R ci-dessous :

  1) Je calcule le résultat de l'exercice N.

  2) Je présente le bilan de l'exercice.

Balance de la société E&R au 31/12/N

N° compte	Compte	Solde débiteur	Solde créditeur
101	Capital		423 000
120	Résultat		?
151	Provisions pour risques		9 500
164	Emprunt, dettes auprès des étab. de crédit		223 200
201	Frais d'établissement	18 000	
207	Fonds commercial	79 100	
211	Terrains	42 000	
213	Constructions	943 000	
215	Inst. technique, matériel et outillage ind.	66 500	
2 183	Matériel de bureau et informatique	26 900	
261	Titres de participation	18 000	
274	Prêts	8 100	
2 801	Amortissements frais établissement		6 000
2 813	Amortissements constructions		145 000
2 815	Amort. Inst. tech., matériel et outillage ind.		30 000
28 183	Amort. mat de bureau et informatique		7 925
371	Stocks de marchandises	25 200	
401	Dettes fournisseurs et comptes rattachés		129 800
404	Dettes sur immob. et comptes rattachés		66 500
411	Créances clients	78 850	
416	**Clients douteux***	8 340	
421	Personnel, rémunérations dues		119 100
431	Sécurité sociale		56 480
444	Impôts sur les bénéfices		50 200
491	Provisions pour créances douteuses*		4 500
512	Banque	52 300	
530	Caisse	7 910	
Total		**1 374 200**	**1 271 205**

1) Résultat de l'exercice = Total des soldes débiteurs - Total des soldes créditeurs de la balance

  Soit : 1 374 200 - 1 271 205 = **102 995 €** (voir balance)

  Concernant les provisions pour **créances douteuses**, on rajoute une ligne sur le tableau et on met une provision dans le solde débiteur. Cette provision ne représente pas la somme, mais elle est fixée à un certain niveau (20%, 40%, 60% voire plus).

2) Bilan de la société E&R au 31/12/N

Actif	Brut	Amort. et prov.	Net	Passif	Net
Actif immobilisé				**Capitaux propres**	
Immobilisations incorporelles :				Capital	423 000
Frais d'établissement	18 000	6 000	12 000	**Résultat de l'exercice**	102 995
Fonds commercial	79 100		79 100	**Total I**	525 995
Immobilisations corporelles :				**Provisions pour risques et Charges**	
Terrains	42 000		42 000	Provisions pour risques	9 500
Constructions	943 000	145 000	798 000	**Total II**	9 500
Inst. tech., mat. et out. ind.	66 500	30 000	36 500		
Matériel de bureau et infor.	26 900	7 925	18 975	**Dettes**	
				Dettes financières :	
Immobilisations financières :				Emp., dettes aup. étab. crédit	223 200
Titres de participation	18 000		18 000		
Prêts	8 100		8 100	*Dettes d'exploitation :*	
Total I	**1 201 600**	**188 925**	**1 012 675**	Dettes fournisseurs et comptes rattachés	129 800
				Dettes fiscales et sociales*	175 580
Actif circulant					
Stocks et en-cours :				*Dettes diverses :*	
Marchandises	25 200		25 200	Dettes sur immobilisations et comptes rattachés	66 500
				Impôts sur les bénéfices	50 200
Créances d'exploitation :					
Créances clients*	87 190	4 500	82 690		
Disponibilités*	60 210		60 210		
Total II	172 600	4 500	168 100	**Total III**	645 280
TOTAL GENERAL	**1 374 200**	**193 425**	**1 180 775**	**TOTAL GENERAL**	**1 180 775**

Disponibilités : Banque + caisse
Soit : 52 300 + 7 910 = 60 210 €

Créances clients : clients + clients douteux
Soit : 78 850 + 8 340 = 87 190 €

Dettes fiscales et sociales : rémunérations du personnel + sécurité sociale
Soit : 119 100 + 56 480 = 175 580 €

BILAN FONCTIONNEL, FRNG, BFR, TRÉSORERIE NETTE ET RATIOS

Présenter le bilan fonctionnel, calculer le FRNG, le BFR, la trésorerie nette et les ratios.

L'UC Equip'tout implantée en région parisienne est spécialisée dans la distribution d'équipement aux collectivités locales et aux particuliers. Envisageant de nouveaux investissements pour répondre à l'augmentation de la demande, le manageur choisit de vous confier l'étude du dossier.
Vous disposez du bilan comptable (Annexe 1) et des données complémentaires (Annexe 2).

Travail à faire :

1) Complétez le bilan fonctionnel présenté en Annexe 3.

2) Calculez le FRNG et le BFR d'exploitation en distinguant le BFR d'exploitation et le BFR hors exploitation.

3) Déterminez le montant de la trésorerie nette.

4) Exprimez puis vérifiez la relation existant entre le FRNG, le BFR et la trésorerie nette.

5) Calculez les ratios significatifs du bilan : financement, endettement et rendement de capitaux.

6) Calculez les ratios de rotation : crédit clients, crédit fournisseurs et durée de stockage.

7) Analysez la situation de l'unité commerciale.

Annexe 1 - Bilan de l'UC Equip'tout

Actif	Brut	Amort. et prov.	Net	Passif	Net
Actif immobilisé				**Capitaux propres**	
Immobilisations incorporelles :				Capital	**687 000**
Frais d'établissement	5 000	2 500	2 500		
Fonds commercial	250 000		250 000	*Réserves :*	
				Réserve légale	26 250
Immobilisations corporelles :				Réserves statutaires ou	
Constructions	1 000 000	250 000	750 000	contractuelles	75 000
Inst. tech., mat. et out. ind	366 200	246 000	120 200	**Résultat de l'exercice**	**57 150**
Autres	192 300	137 000	55 300	**Total I**	**845 400**
Immobilisations financières :				**Provisions pour risques et**	
Titres de participation	15 400		15 400	**Charges**	
Prêts	11 500		11 500	Provisions pour charges	50 600
Total1	**1 840 400**	**635 500**	**1 204 900**	**Total II**	**50 600**
				Dettes	
Actif circulant				*Dettes financières :*	
Stocks et en-cours :				Emp. dettes aup. étab. crédit	10 750
Marchandises	300 000		300 000	Emprunts et dettes	
				financières diverses	387 000
Créances d'exploitation :				*Dettes d'exploitation :*	
Créances clients, comptes				Dettes fournisseurs et	
rattachés	388 000	26 250	361 750	comptes rattachés	763 700
Autres	44 000		44 000	Dettes fiscales et sociales	57 500
Créances diverses :				*Dettes diverses :*	
Valeurs mob. de placement	68 000		68 000	Dettes fiscales (impôts)	22 500
Disponibilités	200 000		200 000	Autres	41 200
Total II	**1 000 000**	**26 250**	**973 750**	**Total III**	**1 282 650**
TOTAL GENERAL	**2 840 400**	**661 750**	**2 178 650**	**TOTAL GENERAL**	**2 178 650**

Annexe 2 - Données complémentaires pour le calcul des ratios (UC Equip'tout).

- Chiffres d'affaires HT : 4 864 512 €

- Achats HT : 3 777 280 €

- Taux de TVA : 20 %

Actif	Montants	Passif	Montants
Emplois stables		**Ressources stables**	
Immobilisations incorporelles		Capitaux propres	
Immobilisations corporelles		Amortissements et provisions	
Immobilisations financières		Dettes financières stables	
Total emplois stables		**Total ressources stables**	
Actif circulant		**Passif circulant**	
Actif circulant exploitation		Dettes d'exploitation	
Stocks		Dettes hors exploitation	
Créances d' exploitation			
Actif circulant hors exploitation			
Total actif circulant		**Total passif circulant**	
Trésorerie actif		Trésorerie passif	
TOTAL GENERAL		**TOTAL GENERAL**	

1) Je complète le bilan fonctionnel.

Actif	Montant	Passif	Montant
Emplois stables		**Ressources stables**	
Immobilisations incorporelles	255 000	Capitaux propres	845 400
Immobilisations corporelles	1 558 500	Amortissements et provisions	712 350
Immobilisations financières	26 900	Dettes financières stables	387 000
Total emplois stables	**1 840 400**	**Total ressources stables**	**1 944 750**
Actif circulant		**Passif circulant**	
Actif circulant exploitation		Dettes d'exploitation	821 200
Stocks	300 000	Dettes hors exploitation	63 700
Créances d'exploitation	432 000		
Actif circulant hors exploitation	68 000		
Total actif circulant	**800 000**	**Total passif circulant**	**884 900**
Trésorerie actif	**200 000**	Trésorerie passif	**10 750**
TOTAL GENERAL	**2 840 400**	**TOTAL GENERAL**	**2 840 400**

712 350 = 661 750 + 50 600 (provisions pour risques et charges - voir Annexe 1) ; pour vous éviter de chercher.

2) Calcul du FRNG et BFR d'exploitation en distinguant le BFR d'exploitation et le BFR hors exploitation.

- **FRNG** = ressources stables - actifs stables => soit : 1 944 750 - 1 840 400 = **104 350**
  Le FRNG est positif : les ressources stables financent les emplois stables.

- **BFR exploitation** = stocks + créances d'exploitation - dettes d'exploitation
  Soit : 300 000 + 432 000 - 821 200 = **- 89 200**
  Le BFR est négatif : l'unité commerciale a un excédent de financement et elle dégage plus de ressources que de besoins. L'unité commerciale est en situation favorable.

- **BFR hors exploitation** = actif circulant hors exploitation - dettes hors exploitation
  Soit : 68 000 - 63 700 = **4 300**

- **BFR** = BFR exploitation + BFR hors exploitation.
  Soit : - 89 200 + 4 300 = **- 84 900**

3) Montant de la trésorerie nette (TN)

Trésorerie nette = trésorerie active - trésorerie passive
TN = 200 000 - 10 750 = **189 250**
La trésorerie est positive ce qui est signe de bonne santé financière.

4) Relation entre FRNG, BFR et TN

TN = FRNG - BFR
Soit : TN = 104 350 - (- 84 900) = 189 250
Le FRNG est supérieur au BFR : la trésorerie est positive.
L'unité commerciale dispose donc de disponibilités.

5) Calcul des ratios significatifs du bilan

- **Ratio de financement** = ressources stables / immobilisations brutes
  Ratio de financement = 1 944 750 / 1 840 400 = **1,057**
  Le ratio est supérieur à 1 : les ressources stables sont suffisantes pour financer les emplois stables mais l'unité commerciale dispose d'une faible marge de manœuvre.

- **Ratio d'endettement** = capitaux empruntés / capitaux propres
  Ratio d'endettement = **397 750*** / 845 400 = 0,47
  avec **397 750*** = 387 000 + 10 750 (ce sont les dettes financières, voir Annexe 1)
  Le ratio doit être inférieur à 1. L'unité commerciale n'est pas trop endettée et elle peut demander un nouvel emprunt à sa banque.

- **Ratio de rendement des capitaux** = résultat de l'exercice / capitaux propres
  Ratio de rendement des capitaux = 57 150 / **788 250*** = **0,07**
  avec **788 250*** = 687 000 + 26 250 + 75 000 (ce sont les capitaux propres et réserves, voir Annexe 1)
  57 150 = résultat de l'exercice (annexe 1).
  Il faut que le ratio soit supérieur à 8%.
  L'unité commerciale a une rentabilité assez faible.

6) Calcul des ratios de rotation : crédit clients, crédit fournisseurs et durée de stockage.

- ♦ **Durée moyenne des crédits accordés aux clients** = (créances clients / **CA TTC** annuel) × 360 $_{jours}$
  Soit : (387 000 / (4 864 512 × **1,20**)) × 360 = 23,87 => **24 jours**
    - Le CA HT est en Annexe 2. On multiplie par **1,20** pour avoir le TTC avec un taux de TVA de 20%.
    - <u>Attention</u> : bien mettre les parenthèses comme je l'ai fait.

  Les clients effectuent leurs règlements à 24 jours en moyenne. Plus vite, ils payent, mieux c'est.
  La durée doit de toutes façons être inférieure à 90 jours.

- ♦ **Durée moyenne des crédits fournisseurs** = (dettes fournisseurs / achats TTC annuels) × 360
  Soit : (**763 700** / (3 777 280 × 1,20)) × 360 = 60,65 => 61 jours
  Avec : 763 700 (dettes fournisseurs, voir Annexe 1) ; 3 777 280 (achats HT, voir Annexe 2)
  L'unité commerciale paie ses fournisseurs au bout de 61 jours.

- ♦ **Durée moyenne de stockage en jours** = (stock moyen / coût d'achat des marchandises vendues) × 360

    - **Stock moyen** = (stock initial + stock final) / 2*
      On peut prendre la valeur du stock figurant au bilan (stock final) pour effectuer le calcul, si l'on ne dispose pas du stock initial dans l'énoncé (ce qui est le cas dans cet exercice).
    - **Coût d'achat des marchandises vendues** = Achats HT + stock initial - stock final

  Si on ne dispose pas de ces éléments, il faut prendre les achats HT qui figurent en Annexe 2.

  Durée moyenne du stockage = (300 000 / 3 777 280) × 360 = **28,59 => 29 jours**
  Les stocks restent en moyenne 29 jours dans l'entreprise avant d'être vendus.
  Plus la durée de stockage est courte, moins l'unité commerciale a de besoins en fond de roulement.

7) Analyse de la situation financière de l'unité commerciale.

- Le FRNG est positif et le ratio de financement des immobilisations est supérieur à 1, ce qui veut dire que les immobilisations sont correctement financées par des capitaux stables même si le ratio est à peine supérieur à 1 et L'UC est peu endettée.

- Le BFR est négatif, ce qui met l'UC en situation favorable. Elle dispose de ressources de financement.

- La durée de stockage (29 jours) est inférieure à la durée du crédit fournisseur (61 jours).

Puisqu'il s'agit d'une entreprise de distribution, il est normal que la durée moyenne des crédits clients soit inférieure à la durée moyenne des crédits fournisseurs.

La trésorerie nette est très positive : TN = 189 250 €. Avec une telle somme, elle peut se passer de concours bancaires (découverts ou facilités de caisse). **L'UC peut continuer à se développer et investir.** Elle devra toutefois augmenter sa rentabilité qui n'est que de 7%.

Les questions

Concernant la durée moyenne de stockage en jours*.

Pour calculer le stock moyen, il faut disposer du stock initial (ce qui n'est pas toujours le cas).
Donc, vérifiez les éléments ci-après dans les données complémentaires pour le calcul des ratios :

1) Le stock initial des matières premières. Si on ne dispose pas de cette donnée, on peut prendre la valeur du stock final figurant au bilan de la société dans la rubrique : stock et en-cours.

2) Même démarche, s'il y a un stock initial de produits finis et pas de stock final.

17.1 – COÛT D'ACQUISITION DES BIENS AMORTISSABLES : MODE DÉGRESSIF

Présenter des plans d'amortissement linéaire, dégressif et en fonction du nombre d'unités de production (nouvelle méthode d'amortissement).

Exercice 1 :

Vous devez réaliser des plans d'amortissement.
Pour ce faire, on vous donne les informations suivantes concernant différentes immobilisations.
L'ordinateur acquis le 13/05/N pour 9 400 € a une durée de vie estimée à 4 ans.
Les frais de mise en service s'élèvent à 900 €.
Le mode d'amortissement est dégressif avec un coefficient de 1,25.

Travail à effectuer :

- Calculer le coût d'acquisition des biens amortissables

- Présenter les tableaux d'amortissement des immobilisations

- Quelle sera la VNC de l'ordinateur au 31/12/N+2

1) Calculer le coût d'acquisition des biens amortissables

Coût d'acquisition = 9 400 (acquisition) + 900 (frais de mise en service) = **10 300 €**

2) Présenter le tableau d'amortissement des immobilisations

Années	VNC début	Annuités	VNC fin
N	10 300,00	**2 145,83**	8 154,17
N+1	8 154,17	2 718,06	5 436,11
N+2	5 436,11	2 718,06	**2 718,06**
N+3	2 718,06	2 718,06	0,00

- Ordinateur (**1ère annuité**) : $10\,300 \times 31,25\% \times \dfrac{8}{12} = 2\,145,83\ €$

  31,25% = (100 (le total) / 4 (ans)) × 1,25 (coeff dégressif)
  8 / 12 : on calcule l'amortissement du bien à partir du 1er jour du mois d'acquisition, dans ce cas on considère le 1er mai (8 mois).

- Année **N+1**, il reste **3 ans** : 100 (le total) / 3 (ans) = 33,33%
  33,33% (taux linéaire) est supérieur à 31,25% (taux dégressif).
  Lorsque le taux linéaire est supérieur au taux dégressif, on conserve le taux linéaire.
  Donc : 8 154,17 / 3 = 2 718,06 €

- Année **N+2**, il reste 2 ans et le taux linéaire est de 50% (100 / 2), soit : 5 436,11 / 2 = 2 718,06 €

- Année **N+3**, on termine le paiement de l'ordinateur, soit : 2 718,06 €

3) Je calcule la VNC (valeur comptable) de l'ordinateur au 31/12/N+2.

VNC de l'ordinateur au 31/12/N+2 = **2 718,06 €** ; c'est la valeur de l'ordinateur à cette date.

Exercice 2 : Mode linéaire et mode dégressif

Réaliser des plans d'amortissement :

Le mobilier commercial acheté le **17/04/N**, d'une valeur de 13 420 € HT a une durée d'utilisation estimée à 5 ans. Le mode d'amortissement choisi est le mode linéaire.
Calculer le coût d'acquisition de ce bien amortissable

Je calcule le coût d'acquisition de ce bien amortissable.

1ère année (acquisition le 17 avril) : 13 (jours en avril) + 30 (jours) × 8 (mois) = 253 jours
Mobilier (**1ère annuité**) : 13 420 × 20% × 253 / 360 = **1 886,26 €**

Années	VNC début*	Annuités	Cumul	VNC fin
N	13 420,00	1 886,26	1 886,26	11 533,74
N+1	11 533,74	2 684,00	4 570,26	8 849,74
N+2	8 849,74	2 684,00	7 254,26	6 165,74
N+3	6 165,74	2 684,00	9 938,26	3 481,74
N+4	3 481,74	2 684,00	12 622,26	797,74
N+5	797,74	797,74	13 420,00	0,00

Les questions

En l'année N+1 : j'effectue 13 420 × 20% jusqu'en N+4 où il restera à payer 797,74 €
On a : 1 886,26 (1ère annuité) + 797,74 (dernière annuité) = 2 684 € (comme N+1, N+2, N+3 et N+4).
20% pendant 5 ans = 100%

Pour le **linéaire**, le décompte s'effectue en jours (pas en mois) donc 253 jours.
Les comptables emploient surtout le mode linéaire et VNC (Valeur Nette Comptable).

17.3 – TABLEAU D'AMORTISSEMENT D'UN VÉHICULE DE LIVRAISON

Exercice 3 :

Un véhicule de livraison acquis le 01/01/N d'une valeur HT de 40 000 € a une durée d'utilisation probable de 4 ans. Son prix de cession est estimé à 3 000 € à la fin de la quatrième année.
Le nombre de kilomètres parcourus est estimé à 200 000 sur 4 ans, répartis comme suit :
    65 000 en N, 60 000 en N+1, 40 000 en N+2 et 35 000 en N+3

Toutes les immobilisations sont soumises à une TVA de 20%.
Travail à faire : présenter le tableau d'amortissement du véhicule.

Je présente le <u>tableau d'amortissement du véhicule</u> :

Années	VNC début	Calcul des annuités	Annuités	VNC fin
N	37 000	$\dfrac{37\ 000 \times 65\ 000}{200\ 000}$	12 025	**27 975**
N+1	37 000	$\dfrac{37\ 000 \times 60\ 000}{200\ 000}$	11 100	16 875
N+2	37 000	$\dfrac{37\ 000 \times 40\ 000}{200\ 000}$	7 400	9 475
N+3	37 000	$\dfrac{37\ 000 \times 35\ 000}{200\ 000}$	6 475	3 000

- **VNC début** = valeur d'acquisition - valeur de cession (du véhicule)
  Soit : 40 000 - 3 000 = 37 000 €
- **Calcul de l'annuité** : on divise les kilomètres annuels parcourus par le nombre total de kilomètres et en multipliant par la VNC début.

  Soit pour la **1ère annuité** : $\dfrac{37\ 000 \times 65\ 000}{200\ 000} = 12\ 025\ €$

- **VNC fin** = valeur d'acquisition - annuité d'amortissement
  Soit pour la **1ère annuité** : 40 000 - 12 025 = **27 975 €**

  <u>Note</u> : la VNC de la dernière année ne peut jamais être inférieure à la valeur de cession, ici 3 000 €.

17.4 – CALCULER UNE PROVISION POUR DÉPRÉCIATION DES STOCKS

Exercice 4 :

Lors de l'inventaire des stocks de l'entreprise, vous constatez que 8 vélos ont subi des dommages.
Vous pouvez toujours les vendre, mais ils ont subi une dépréciation de 25%.
PV unitaire TTC = 1 860 € avec une TVA de 20%.
Calculer le montant de la provision pour la dépréciation des 8 vélos.

Calcul du montant de la provision

Prix de vente HT des 8 vélos : (1 860 / 1,20) × 8 = 12 400 €

Montant de la provision pour dépréciation des 8 vélos : 12 400 × 25% = **3 100 €**

18.1 – FLUX NET DE TRÉSORERIE CONSTANTS ET VAN AVEC UNE VALEUR RÉSIDUELLE

Exercice 1 :

Calculs du Flux Net de Trésorerie (FNT) constant et de la Valeur Actuelle Nette (VAN) avec une valeur résiduelle. Votre société J&S, spécialisée dans la distribution, doit acquérir du matériel.
A partir du projet d'investissement (ci-dessous) :

    1) Déterminez les Flux Nets de Trésorerie (FNT) pour le matériel.
    2) Calculez la VAN.

Projet d'investissement :

- Valeur d'acquisition HT des ordinateurs : 50 000 € acquis en début d'année.
- Mode d'amortissement de l'investissement : linéaire sur 4 ans.
- Le matériel permettra de réaliser un CA annuel supplémentaire de 100 000 € et entrainera des charges annuelles d'un montant de 61 000 €.
- La valeur résiduelle à la fin de la 4ème année est estimée à 5 500 €.
- Le taux d'imposition sur les sociétés est de 33,33% et le taux d'actualisation est de 12%.

1) Calcul des Flux Nets de Trésorerie (FNT)

En termes simples, le Flux Net de Trésorerie (FNT) est un mouvement financier créé par la différence entre les encaissements (recettes) et les décaissements (dépenses) générés par l'activité d'une organisation (ici, une société). Il est pratique de présenter le FNT sous la forme d'un tableau (voir ci-après).

Tableau des Flux Nets de Trésorerie (FNT)

Année	N...N+3
Chiffre d'affaires	100 000,00
- Dépenses dues aux charges	61 000,00
- Dotations aux amortissements	12 500,00
= Résultat avant Impôts	26 500,00
- Impôts sur les bénéfices	8 832,45
= Résultat net comptable	17 667,55
+ Dotations aux amortissements	12 500,00
= Flux Net de Trésorerie (FNT)	30 167,55

Dotations aux amortissements : 50 000 / 4 (4 ans) = 12 500 €

Impôts sur les bénéfices : 26 500 × 33,33% = 8 832,45 €

Le calcul direct du FNT actualisé pour une année n s'exprime :

$$FNT\ actualisé_{(année\ n)} = FNT \times \frac{1 - (1 + i)^{-n}}{i}$$

Le FNT actualisé à la 4ème année est :

$$FNT\ actualisé_{(4ème\ année)} = 30\ 167{,}55 \times \frac{(1 - (1 + 0{,}12)^{-4})}{0{,}12}$$

FNT actualisé $_{(4ème\ année)}$ = 30 167,55 × 3,0373493 = **91 629,39 €**

Explication des chiffres :

FNT$_{initial}$ = **30 167,55 €**

12% => 0,12 (Taux d actualisation) => 1 + 0,12 = **1,12**

Le petit (^{n}) correspond aux années, puissance -4 (les 4 ans de l'investissement linéaire).

<u>Attention</u> : bien mettre les parenthèses devant le premier 1 si vous avez comme beaucoup une calculette simple , autrement vous ne trouverez pas 3,0373493.

2) Calcul de la Valeur Actuelle Nette (VAN)

La Valeur Actuelle Nette **(VAN)** s'écrit :

VAN = Somme des FNT actualisés + Valeur Résiduelle actualisée (VR) - Investissement initial (Capital)

La Valeur Résiduelle (VR) d'un investissement est estimée au moment de son acquisition et elle correspond à la valeur que cet investissement devrait avoir à la fin de sa durée d'amortissement.

● **Calcul de la VAN pour la 4ème année**

- **FNT actualisé** $_{(4ème\ année)}$ = **91 629,39 €**

- **Valeur résiduelle** de l'investissement :

VR_4 = VR × $(1 + i)^{-n}$; avec VR = 5 500 et un taux d'actualisation i de 12%

VR_4 = 5 500 × $(1 + 0{,}12)^{-4}$ = 5 500 × 0,635518 = **3 495,35 €**

- **Investissement initial : 50 000 €** (acquisition des ordinateurs)

VAN = 91 629,39 + 3 495,35 - 50 000 = **45 124,74 €**

La **VAN** est **positive** et le projet est intéressant, **on investit**.
Par ailleurs, dans cet exercice on vérifie que la VAN commence à être positive à partir de la 2ème année.

18.2 – CHOIX ENTRE 2 INVESTISSEMENTS

Choisir entre 2 investissements, calculer les flux nets de trésorerie, la VAN et le taux de profitabilité.

Exercice 2 : les deux investissements sont amortis en linéaire sur 5 ans, l'impôt sur les sociétés est de 33,33% et le taux d'actualisation est de 12%. La valeur résiduelle sera considérée comme nulle.
Votre société compte développer son activité, mais elle hésite entre les deux propositions ci-après :

● **PROJET 1 :** le projet 1 nécessite un montant de 398 000 € en début d'année N.
Les recettes annuelles supplémentaires dégagées par l'investissement seraient de 415 000 € pour N ; 465 000 € pour N+1 ; 490 000 € pour N+2 ; 530 000 € pour N+3 et 565 000 € pour N+4.
Les charges annuelles (amortissements compris) s'élèveraient à 460 000 € en N ; 362 000 € en N+1 et N+2 et 400 000 en N+3 et N+4.

Dotations aux amortissements = 398 000 / 5 (5 ans) = 79 600 €
Impôt sur les sociétés pour l'année N+1 : 103 000 × 33,33% = 34 329,90 €

Années	N	N+1	N+2	N+3	N+4
Chiffre d'affaires	415 000	465 000	490 000	530 000	565 000
- Dépenses (amortissements compris)	460 000	362 000	362 000	400 000	400 000
= Résultat avant Impôts	-45 000	103 000	128 000	130 000	165 000
- Impôts sur les sociétés	0	34 329,90	42 662,40	43 329	54 994,50
= Résultat net comptable	-45 000	68 670,10	85 337,60	86 671	110 005,50
+ Dotations aux amortissements	79 600	79 600	79 600	79 600	79 600
= Flux nets de trésorerie (FNT)	34 600	148 270,1	164 937,60	166 271	189 605,50
FNTactualisés : FNT × $(1 + i)^{-n}$	30 892,86	118 200,02	117 399,33	105 668,23	107 587,25

<u>Note</u> : Dotations aux amortissements : Montant du projet / 5 (5 ans) = 398 000 / 5 = 79 600 €

FNT actualisé pour N :
= 34 600 × $(1,12)^{-1}$
= 30 892,86

FNT actualisé pour N+1 :
= 148 270,10 × $(1,12)^{-2}$
= 118 200,02

FNT actualisé pour N+2 :
= 164 937,60 × $(1,12)^{-3}$
= 117 399,33

FNT actualisé pour N+3 :
= 166 271 × $(1,12)^{-4}$
= 105 668,23

FNT actualisé pour N+4 :
= 189 605,50 × $(1,12)^{-5}$
= 107 587,25

<u>Calcul de la VAN et du taux de profitabilité</u>

VAN = Somme des FNT actualisés - Investissement initial

Somme des FNT actualisés :
30 892,86 + 118 200,02 + 117 399,33 + 105 668,23 + 107 587,25 = **479 747,69 €**

VAN = 479 747,69 - 398 000 = **81 747,69 €** => la VAN est positive

Taux de profitabilité = Somme des FNT actualisés / Investissement = 479 747,69 / 398 000 = **1,21**

<u>Conclusion</u> : la VAN est positive et le taux de profitabilité est fort (1,21).

● **PROJET 2** : le Projet 2 nécessite un investissement de 1 000 000 € début N.

Les recettes attendues seraient de : 600 000 € pour N ; 615 000 € en N+1 ; 680 000 € pour les 3 années suivantes. Les charges (amortissements compris) ont été estimés à 500 000 € les deux premières années et à 550 000 € les 3 années suivantes.

Taux d'actualisation : 13%

Années	N	N+1	N+2	N+3	N+4
Chiffre d'affaires	600 000	615 000	680 000	680 000	680 000
- Dépenses (amortissements compris)	500 000	500 000	550 000	550 000	550 000
= Résultat avant Impôts	100 000	115 000	130 000	130 000	130 000
- Impôts sur les sociétés	33 333,33	38 333,33	43 333,33	43 333,33	43 333,33
= Résultat net comptable	66 666,67	76 666,67	86 666,67	86 666,67	86 666,67
+ Dotations aux amortissements	200 000	200 000	200 000	200 000	200 000
= Flux nets de trésorerie (FNT)	266 666,67	276 666,67	286 666,67	286 666,67	286 666,67
FNTactualisés : FNT $\times (1 + i)^{-n}$	235 988,20	216 670,59	198 674,38	175 818,04	155 591,18

Dotations aux amortissements = 1 000 000 / 5 (5 ans) = 200 000 €
Impôts sur les sociétés : 33 333= 100 000 / 3 (33,33%)

Calcul de la VAN et du taux de profitabilité

VAN = Somme des FNT actualisés - Investissement initial

FNT actualisé pour N = 266 666 $\times (1,13)^{-1}$ = 235 988,20
FNT actualisé pour N+1 = 276 666,67 $\times (1,13)^{-2}$ = 216 670,59 ; etc....
Somme des FNT actualisés :
235 988,20 + 216 670,59 + 198 674,38 + 175 818,04 + 155 591,18 = **982 742,39 €**

VAN = 982 742,39 - 1 000 000 = **-17 257,61 €** => la VAN est négative

Taux de profitabilité = Somme des FNT actualisés / Investissement = 982 742,39 / 1 000 000 = **0,98**

Conclusion : la VAN est négative et le taux de profitabilité est légérement inférieur à 1 (0,98).

Conclusion générale : Le projet 1 est à retenir car la VAN est positive et le taux de profitabilité est supérieur à 1.

18.3 – DÉTERMINER LA RENTABILITÉ D'UN INVESTISSEMENT

Exercice 3 :

Afin d'augmenter son chiffre d'affaires, la société X a investi massivement dans de nouvelles machines. Déterminer la rentabilité d'un investissement, calculer la VAN, le Taux Interne de Rentabilité (TIR) en utilisant le taux d'actualisation de 14% et de 17% et le délai de récupération du capital investi.

- Valeur d'achat HT du matériel de transport : **1 595 000 €** acquis en début d'année N.
- Mode d'amortissement de l'investissement linéaire sur 5 ans.
- Le matériel permettant de réaliser un CA annuel supplémentaire de :
    - 1 624 000 € pour N
    - 1 659 000 € pour N+1
    - 1 688 000 € pour N+2
    - 1 775 000 € pour N+3
    - 1 839 000 € pour N+4
- Les charges annuelles (amortissements non compris) s'élèveraient à :
    - 1 100 000 € pour N
    - 1 106 000 € pour N+1
    - 1 117 000 € pour N+2
    - 1 141 000 € pour N+3
    - 1 165 000 € pour N+4
- La valeur résiduelle est nulle, le taux d'imposition sur les sociétés est de 33,33% et le taux d'actualisation est de 11%.

Travail à effectuer :
1) Présenter le tableau des flux nets de trésorerie actualisés.
2) Calculer la VAN.
3) Calculer le taux de rentabilité interne (TIR) en utilisant les taux d'actualisation de 14% et 17%.
4) Calculez le délai de récupération du capital investi.

1) Tableau des flux net de trésorerie actualisés

Années	N	N+1	N+2	N+3	N+4
Chiffre d'affaires	1 624 000	1 659 000	1 688 000	1 775 000	1 839 000
- Dépenses	1 100 000	1 106 000	1 117 000	1 141 000	1 165 000
- Dotations aux amortissements	319 000	319 000	319 000	319 000	319 000
= Résultat avant Impôts	205 000	234 000	252 000	315 000	355 000
- Impôts sur les sociétés	68 333,33	78 000	84 000	105 000	118 333,33
= Résultat net comptable	136 666,67	156 000	168 000	210 000	236 666,67
+ Dotations aux amortissements	319 000	319 000	319 000	319 000	319 000
= Flux nets de trésorerie (FNT)	455 666,67	475 000	487 000	529 000	555 666,67
FNTactualisés : FNT $\times (1 + i)^{-n}$	410 510,51	385 520,66	356 090,20	348 468,69	329 761,12

Explications :

- Dotations aux amortissements = valeur d'achat HT du matériel / 5 (ans)
  Soit = 1 595 000 / 5 = 319 000 €
- Impôts sur les sociétés = 205 000 × 33,33% = 68 333,33 € (1ère année)

- Flux Nets de Trésorerie (FNT)

FNT actualisé pour l'année N = 455 666,67 × $(1,11)^{-1}$ = 410 510,51

FNT actualisé pour l'année N+1= 475 000 × $(1,11)^{-2}$ = 385 520,66

FNT actualisé pour l'année N+2= 487 000 × $(1,11)^{-3}$ = 356 090,20

FNT actualisé pour l'année N+3= 529 000 × $(1,11)^{-4}$ = 348 468,69

FNT actualisé pour l'année N+4= 555 666,67 × $(1,11)^{-5}$ = 329 761,12

Somme des FNT actualisés :
410 510,51 + 385 520,66 + 356 090,20 + 348 468,69 + 329 761,12 = **1 830 351,18 €**

2) Calcul de la VAN

VAN = Somme des FNT actualisés - Investissement initial

VAN = 1 830 351,18 - 1 595 000 = **235 351,18 €**

La **VAN est positive** et la société doit investir.

3) Calcul du taux de rentabilité interne (TIR)

Années	N	N+1	N+2	N+3	N+4
Flux nets de trésorerie	455 666,67	475 000,00	487 000,00	529 000,00	555 666,67
FNT actualisés à 11%	410 510,51	385 520,66	356 090,20	348 468,69	329 761,12
FNT actualisés à 14%	399 707,61	365 497,08	328 711,13	313 210,47	288 595,86
FNT actualisés à 17%	389 458,69	346 993,94	304 068,46	282 300,88	253 445,77

◆ **Somme des FNT actualisés :**

11% : 410 510,51 + 385 520,66 + 356 090,20 + 348 468,69 + 329 761,12 = **1 830 351,18 €**

14% : 399 707,61 + 365 497,08 + 328 711,13 + 313 210,47 + 288 595,86 = **1 695 722,15 €**

17% : 389 458,69 + 346 993,94 + 304 068,46 + 282 300,88 + 253 445,77 = **1 576 267,74 €**

◆ **Calcul de la VAN :**

11% : 1 830 351,18 - 1 595 000 = **235 351,18 €**

14% : 1 695 722,15 - 1 595 000 = **100 722,15 €**

17% : 1 576 267,74 - 1 595 000 = **-18 732,26 €**

Pour calculer le TIR il faut utiliser la méthode de l'interpolation linéaire.
Le TIR est compris entre 14% et 17%.
A cet écart de 3%, correspond un écart de :

   VAN (14%) - VAN (17%) = 100 722,15 - (-18 732,26) = 119 454,41 €

$$Donc : TIR = 14\% + 3 \times \frac{100\ 722,15}{119\ 454,41} = 14\% + 2,53\% = 16,53\%$$

Selon la phrase consacrée, le projet d'investissement est équivalent à un placement à 16,53%.
C'est un bon projet car le taux d'actualisation (11%) est inférieur au TIR.

4) Calcul du délai de récupération du capital investi

Années	N	N+1	N+2	N+3	N+4
FNT actualisés à 11%	410 510,51	385 520,66	356 090,20	348 468,69	329 761,12
FNT actualisés cumulés	410 516,22	796 031,17	1 152 121,37	1 500 590,06	1 830 351,18

A l'année N+3, les FNT actualisés cumulés n'ont pas atteint l'investissement initial : 1 595 000 €
Cet investissement initial est récupéré au cours de la dernière année (N+4).

Calcul de la date exacte :

$$\frac{Investissement\ initial\ -\ FNT\ actualisés\ cumulés\ à\ (N+3)}{FNT\ actualisés\ cumulés\ à\ (N+4)\ -\ FNT\ actualisés\ cumulés\ à\ (N+3)} \times 12\ (mois)$$

$$Soit : \frac{1\ 595\ 000\ -\ 1\ 500\ 590,06}{1\ 830\ 351,18\ -\ 1\ 500\ 590,06} \times 12\ (mois) = \frac{94\ 409,94}{329\ 761,12} \times 12 = 3,44\ mois$$

On a : 3,44 mois = 3 mois + (30 jours × 0,44) = 3 mois + 13,2 jours, soit : 3 mois + 14 jours

L'investissement est récupéré au bout de **4 ans, 3 mois et 14 jours**

19.1 – REMBOURSER UN EMPRUNT PAR AMORTISSEMENT CONSTANT

L'unité commerciale Deloseille emprunte la somme de 90 000 € remboursable en 4 ans par amortissement constant*. La banque lui propose un taux d'intérêt de 5% **par an.**

Exercice : présenter le plan d'amortissement constant de l'emprunt (tableau ci-dessous).

Plan d'amortissement constant de l'emprunt

Années	Capital restant dû en début de période	Intérêts	Amortissements	Annuités	Capital restant dû en fin de période
1	90 000	4 500*	22 500*	27 000*	67 500*
2	67 500	3 375*	22 500	25 875	45 000
3	45 000	2 250*	22 500	24 750	22 500
4	22 500	1 125	22 500	23 625	0,00

Remarque : Amortissement constant = toujours la même somme (ici 22 500).

Les questions

<u>1ère année</u>

Intérêts = Capital restant dû en début de période × Taux d'intérêt = 90 000 × 5% = **4 500 €**

Amortissement = Capital emprunté / Nombre de périodes (en ans) = 90 000 / 4 (ans) = **22 500 €**

Annuités = Amortissement + Intérêts = 22 500 + 4 500 = **27 000 €**

Capital restant dû en fin de période = Capital restant dû en début de période - Amortissement
Soit : 90 000 - 22 500 = **67 500 €**

Même procédure pour les années suivantes.

N' oubliez pas, ce sont les annuités que vous payez. Faites le compte !

19.2 – REMBOURSER UN EMPRUNT PAR ANNUITÉ CONSTANTE

Le responsable de la société dans laquelle vous travaillez souhaite investir dans de nouvelles machines plus modernes. Pour financer son investissement, il obtient de sa banque un prêt de 70 000 € remboursable en 5 ans par annuité constante au taux de 6,5% par an.

Exercice :

1) Calculez le montant de l'annuité de l'emprunt.

2) Etablissez le tableau de remboursement de l'emprunt.

1) Calcul de l'annuité de l'emprunt.(pour les calculettes de" pro", suivez juste la formule. Pour les autres qui ont une calculette simple, mettez une parenthèse devant le premier 1. (voir ci - dessous).

$$Annuité = Vo \times \frac{t}{1-(1+t)^{-n}} = 70\,000 \times \frac{0,065}{(1-(1+0,065)^{-5})} = 16\,844,42 \,€$$

Toutes les annuités seront de **16 844,42 €**

<u>Attention</u> : n'oubliez surtout pas les parenthèses ou votre calcul sera faussé.(valable pour tout le chapitre)

Les questions

Montant du prêt : V_0 = 70 000 € (dans cet exemple)
Taux de l'emprunt : t = 0,065 (ce sont les 6,5%)
Puissance $^{-5}$ (car le prêt est remboursable en 5 ans)
Pour le reste, il faut bien respecter la formule et les parenthèses.

2) Tableau d' amortissement de l'emprunt par annuité constante

Années	Capital restant dû en début de période	Intérêts	Amortissements	Annuités	Capital restant dû en fin de période
1	70 000	4 550*	12 294,42*	16 844,42	57 705,58*
2	57 705,58	3 750,86*	13 093,56*	16 844,42	44 612,02*
3	44 612,02	2 899,78	13 944,64	16 844,42	30 667,38
4	30 667,38	1 993,38	14 851,04	16 844,42	15 816,34
5	15 816,34	1 028,06	15 816,34	16 844,42	0,00

Les questions

<u>**1ère année**</u>

Intérêts = Capital restant dû en début de période × Taux d'intérêt = 70 000 × 6,5% = **4 550 €**

Amortissement = Annuités - Intérêts = 16 844,42 - 4 550 = **12 294,42 €**

Capital restant dû en fin de période = Capital restant dû en début de période - Amortissement
Soit : 70 000 - 12 294,42 = **57 705,58 €**

<u>**2ème année**</u>

On a : Intérêts = 3 750,86 = 57 705,58 × 6,5%
        Amortissement = 13 093,56 = 16 844,42 - 3 750,86
        Capital restant dû = 44 612,02 = 57 705,58 - 13 093,56

<u>Attention</u> : il est possible que les arrondis de calculs ne permettent pas d'atteindre exactement 0 de capital restant dû en fin de la 5ème année.

Comme vous le voyez, les annuités sont les mêmes durant les 5 années. Mais chaque année, il faut recalculer les intérêts, les amortissements et le capital restant dû en fin de période.

19.3 – REMBOURSER UN EMPRUNT PAR MENSUALITÉS OU PAR SEMESTRIALITÉS

Madame Gérard souhaite faire aboutir deux projets qui lui tiennent à cœur :

- **Projet 1** : Afin d'agrandir sa boutique, elle veut emprunter à sa banque la somme de 150 000 € au taux annuel de 6% sur 5 ans. Les remboursements sont mensuels.

- **Projet 2** : Elle demande également un prêt de 17 000 € pour acheter un véhicule pour son usage personnel.

    L'emprunt sera remboursé par 10 semestrialités et le taux d'intérêt annuel sera de 6,5%.

Exercice :

1) Calculer le montant de la mensualité du Projet 1.
2) Calculer le montant de la semestrialité du Projet 2.

1) Calcul de la mensualité du Projet 1

Emprunt = 150 000 €

Taux mensuel proportionnel = 6% / 12 *(mois)* = **0,50%***

Nombre de mensualités = 12 × 5 *(ans)* = **60**

$$Mensualité = 150\ 000 \times \frac{0,005}{(1 - (1 + 0,005)^{-60})} = 150\ 000 \times 0,019332^* = 2\ 899,92\ €$$

Vous aurez 2 899,92 € de remboursement mensuel.

Les questions

0,50% = 0,005 => tapez 0,5% sur votre calculette, cela vous donnera 0,005.

0,019332 = 0,005 / (1 - (1 + 0,005)$^{-60}$

Notez bien que j'ai mis des parenthèses au premier 1.
    Retirez les parenthèses et voyez le résultat.

2) Calcul de la semestrialité du Projet 2.

Emprunt = 17 000 €
Nombre de semestrialités = 2 × 5 *(ans)* = **10***
Taux semestriel proportionnel = 6,5% / 2 = 3,25% ou 0,0325

$$Semestrialité = 17\ 000 \times \frac{0,0325}{(1 - (1 + 0,0325)^{-10})} = 17\ 000 \times 0,118731 = 2\ 018,43\ €$$

Les questions

10 semestres en 5 ans => 2 × 5 = 10 semestres

Le taux d'intérêt est : t = 0,0325

Notez la formule $(1 - (1 + t)^{-n}$, soit dans cet exemple $(1 - (1 + 0,0325)^{-10}$

19.4 – CALCULER LA PREMIÈRE ET LA DERNIÈRE ANNUITÉ (ANNUITÉ CONSTANTE)

Votre société a emprunté la somme de 40 000 € au taux de 7,5% l'an.
L'emprunt doit être remboursé par annuité constante sur 7 ans.

Exercice :

1) Calculer le montant de l'annuité de l'emprunt.
2) Présenter la 1ère et la dernière ligne du tableau de remboursement.

1) Calcul de l'annuité de remboursement de l'emprunt

Annuité = $V_o \times (t / (1 - (1 + t)^{-n}$ = 40 000 × (0,075 / (1 + 0,075)$^{-7}$)

Annuité = 40 000 × 0,188800 = **7 552 €**

2) Première et dernière lignes du tableau d'amortissement de l'emprunt

Années	Capital restant dû en début de période	Intérêts	Amortissements	Annuités	Capital restant dû en fin de période
1	40 000	3 000	4 552	7 552	35 448
-					
7	7 025,12	526,88	7 025,12	7 552	0

Les questions

- Calcul de la 1ère ligne du tableau (1ère année)

L'annuité a été calculée à la 1ère question : 7 552 €

Intérêts = Capital restant dû en début de période × Taux d'intérêt = 40 000 × 7,5% = 3 000 €

Amortissement = Annuité - Intérêts = 7 552 - 3 000 = 4 552 €

Capital restant dû en fin de période = Capital restant dû en début de période - Amortissement
   Soit : 40 000 - 4 552 = 35 448 €

- Calcul de la dernière ligne du tableau (7ème année)

Il faut calculer le montant de l'amortissement de la dernière année.

Vous connaissez le taux (7,5%) et le montant de l'annuité (7 552)

La dernière année, le capital restant dû en fin de période est égal à 0 (remboursement terminé).
Et, le capital restant dû en début de période est égal au montant de l'amortissement.

Donc l'amortissement de l'année 7 est : Annuité / (1 + t) = 7 552 / **1,075***= **7 025,12 €**

Intérêts = Annuité - Amortissement = 7 552 - 7 025,12 = 526,88 €

Note : 1,075 = (1 + 0,075) = 1 + 7,5%

19.5 – COMPAREZ DEUX MODES DE FINANCEMENT D'UN PROJET D'INVESTISSEMENT

1) Par emprunt classique.
2) Par crédit-bail avec option d'achat.

Exercice : votre société a besoin de 180 000 € pour investir dans de nouvelles machines et vous hésitez entre un emprunt classique ou un crédit-bail avec option d'achat.

1) Calculez l'annuité constante du remboursement de l'emprunt.

2) Calculez le mode de financement le plus favorable avec un taux d'actualisation de 5%.

Option 1 : Emprunt classique sur 5 ans, remboursable par annuité constante au taux de 6%.
La première annuité est payable un an après la mise à disposition des fonds.
La banque vous demande un apport personnel de 20% de la valeur de l'investissement.

Option 2 : Crédit-bail pendant 5 ans.
Votre société doit verser un loyer de 41 000 € payable en fin d'année. A la fin du contrat, vous pourrez, soit mettre fin au contrat en rendant le bien au bailleur soit racheter le bien en versant une somme de 9 000 €.

1) Calcul de l'annuité constante de remboursement de l'emprunt

Apport personnel : 20% de la valeur de l'investissement (180 000 €) soit: 180 000 x 20% = 36 000 €
Valeur de l'emprunt : 180 000 - (180 000 × 20%) = 144 000 €

$$Annuité\ constante = Vo \times \frac{t}{1-(1+t)^{-n}} = 144\,000 \times \frac{0,06}{(1-(1+0,06)^{-5})}$$

Annuité constante = 144 000 × 0,237396 = **34 185,02 €**

2) Calcul du mode de fonctionnement le plus favorable avec un taux d'actualisation de 5%

Pour calculer le mode de fonctionnement le plus favorable, il faut actualiser les deux options.

◆ Option 1 : Emprunt classique actualisé

Actualisation des annuités de l'emprunt :

$$V_{a1} = 34\,185,02 \times \frac{(1-(1+0,05)^{-5})}{0,05} = 34\,185,02 \times 4,329476 = 148\,003,25$$

Coût total du Projet 1 = Autofinancement + Annuités de l'emprunt actualisées

Vo $_{(P1)}$ = 36 000 + 148 003,22 = **184 003,22 €**

◆ Option 2 : Crédit-bail actualisé

Il faut actualiser les loyers et l'option d'achat :

$$Vo_{(p2)} = (41\,000 \times \frac{(1-(1+0,05)^{-5})}{0,05}) + (9\,000 \times (1+0,05)^{-5})$$

Vo $_{(p2)}$ = (41 000 × 4,329476) + (9 000 × **0,783526**) = **184 560,28 €**

Dans cet exercice, le coût de l'emprunt classique et du crédit-bail sont sensiblement les mêmes.

Attention : 0,783526, c'est $(1+0,05)^{-5}$. J'ai posé toute l'opération pour trouver 184 560,28 €.

20.1 – CALCULER LA DÉPENDANCE ENTRE DEUX VARIABLES

Le coefficient de corrélation est un nombre qui indique la plus ou moins grande dépendance entre deux séries statistique.

Exemple : y a-t-il une relation entre le poids d'une population et sa taille ?

Plus le coefficient se rapproche de 1 ou de - 1, plus la corrélation est forte.

Exercice :

La société de Thierry, spécialisée dans l'événementiel a augmenté le budget de ses directeurs commerciaux (invitations des clients dans les grands restaurants, voyages payés …).
Son chiffre d'affaires a augmenté entre N-5 et N-1.

Travail à faire

1) Calculer le coefficient entre les variables.

2) Y a-t-il une relation entre l'augmentation des frais de fonctionnement et l'augmentation du chiffre d'affaires ?

Années	N-5	N-4	N-3	N-2	N-1
Frais de fonctionnement	1	1,08	1,17	1,23	1,34
Chiffre d'affaires	20	30	40	66	73

1) Calcul du coefficient entre les variables

	x_i : frais de fonctionnement	y_i : chiffre d'affaires	$x_i - \bar{x}$	$y_i - \bar{y}$	$(x_i - \bar{x}) * (y_i - \bar{y})$	$(x_i - \bar{x})^2$	$(y_i - \bar{y})^2$
N-5	1,00	20	- 0,16	- 25,80	4,13	0,03	665,64
N-4	1,08	30	- 0,08	- 15,80	1,26	0,01	249,64
N-3	1,17	40	0,01	- 5,80	-0,06	0,00	33,64
N-2	1,23	66	0,07	20,20	1,41	0,00	408,04
N-1	1,34	73	0,18	27,20	4,90	0,03	739,84
Total	**5,82**	**229**			11,64	0,07	2 096,80

Les explications :

Calculs décomposés :

$\bar{x}$ = 1,16 = (5,82 / 5$_{ans}$) ; $\bar{y}$ = 45,80 = (229 / 5$_{ans}$)

x^2 = 1,35 = (1,16 × 1,16) ; y^2 = 2 097,64 = (45,8 × 45,8)

Prenons l'année N-5

Calculs décomposés :

$x_i - \bar{x}$ = 1 - 1,16 = - 0,16 ; $y_i - \bar{y}$ = 20 - 45,80 = - 25,80

$(x_i - \bar{x}) \times (y_i - \bar{y})$ = (- 0,16) × (- 25,8) = 4,13

$(x_i - \bar{x})^2$ = (- 0,16)² = 0,03

$(y_i - y)^2$ = (- 25,80)² = 665,64

Prenons encore l'année N-4 (n'oubliez pas, c'est la colonne 4)

Calculs décomposés :

$x_i - \bar{x}$ = 1,08 - 1,16 = - 0,08 ; $y_i - \bar{y}$ = 30 - 45,8 = - 15,80

$(x_i - \bar{x}) \times (y_i - \bar{y})$ = (- 0,08) × (-15,8) = 1,26

$(x_i - \bar{x})^2$ = (- 0,08)² = 0,006 arrondi à 0,01

$(y_i - y)^2$ = (- 15,80)² = 249,64

Idem pour les autres années *(tout est indiqué dans le tableau)*.

Et voici la formule qui va permettre de savoir s'il y a corrélation :

$$r = \frac{\sum[(x_i - \bar{x}) \times (y_i - \bar{y})]}{\sqrt{\sum(x_i - \bar{x})^2 \times (y_i - \bar{y})^2}} = \frac{11,64}{\sqrt{0,07 \times 2\,096,80}} = 0,96$$

(aux arrondis de calculs près)

Conclusion :

Il y a bien une corrélation entre les frais de fonctionnement et le chiffre d'affaires puisque le coefficient de corrélation se rapproche de 1.

<u>Remarque importante</u> : normalement, il faut écrire "x_i et y_i" et non pas "xi et yi".
Souvent sur les copies vous observerez "xi ou yi" pour une écriture plus rapide ou par inadvertance. Pour écrire le i (en indice) après le x, je clique sur x_2 qui crée des lettres de taille réduite en les positionnant sous la ligne de base du texte, soit : x_i

20.2 – CALCULER DES COMMISSIONS DE VENTE

Exercice : le magasin Belcaisse vend des voitures.
La commission obtenue par le concessionnaire en fin d'année est fonction du modèle vendu.
A partir du tableau ci-dessous, calculez la commission annuelle moyenne de la concession.

Vente de voitures chez le concessionnaire.

Modèle	Ventes annuelles	% de commission	Prix de vente (en €)
A	40	5%	21 190
B	32	6%	23 880
C	28	7%	23 250
D	33	4%	9 100
E	47	8%	23 760
F	22	10%	28 890

Calcul de la commission annuelle

Modèle	Ventes annuelles	% de commission	Prix de vente	Commission
A	40	5%	21 190,00	42 380,00
B	32	6%	23 880,00	45 849,60
C	28	7%	23 250,00	45 570,00
D	33	4%	9 100,00	12 012,00
E	47	8%	23 760,00	89 337,60
F	22	10%	28 890,00	63 558,00
Total	202			298 707,20

Les explications de la commission A :
21 190,00 × 40 = 847 600,00 €   847 600,00 × 5% = 42 380,00 €

Les explications de la commission B :
23 880,00 × 32 = 764 160,00 €   764 160,00 × 6% = 45 849,60 €

Et ainsi de suite selon le pourcentage de la commission.

La **commission moyenne** est
- par modèle vendu : 298 707,20 / 6 = **49 784,53 €**
- par unité vendue : 298 707,20 / 202 = **1 478,75 €**

Les questions

6 : c'est le nombre de modèles (A ; B ; C ; D ; E ; F).
202 : c'est le nombre total de ventes annuelles.

20.3 – MÉDIANE, INTERVALLE MÉDIAN, MOYENNE, QUARTILE ET DISPERSION

Notions de médiane, d'intervalle médian, de moyenne, de quartile et de caractéristiques de dispersion.

◆ **Calculer une médiane avec deux exemples simples**

Exemple 1 - Calcul avec un nombre de valeurs impaires (7)

Prenons les **7 valeurs** suivantes avec cette série statistique de prix de vente TTC.
18 ; 14 ; 15 ; 11 ; 13 ; 16 ; 17

Rangez les prix par ordre croissant : 11 ; 13 ; 14 ; **15** ; 16 ; 17 ; 18
3 chiffres sont inferieurs à 15 et 3 sont supérieurs à 15.
Dans ce cas précis, on dit que **15 est la médiane : M_e = 15**

Exemple 2 - Calcul avec un nombre de valeurs paires (10)

Série statistique de temps de course (10 valeurs)
1,43 ; 1,37 ; 1,34 ; 1,29 ; **1 ,27 ; 1,26 ;** 1,23 ; 1,20 ;1,18 ; 1,17

On observe que ces temps sont rangés par ordre décroissant.
4 sont supérieurs à 1,27 et 4 sont inférieurs à 1,26.

L'intervalle (1,27 ; 1,26) est appelé : **intervalle médian**
En général, **on choisit le centre de cet intervalle** pour médiane : **M_e = 1,265**
Soit : (1,27 + 1,26) / 2 = 2,53 / 2 = 1,265
<u>**Attention**</u> : *ne faites pas 1,27 + (1,26 / 2) => cela ferait 1,9*

◆ **Définition de la médiane**

La médiane - notée **M_e** - de la série des valeurs $(x_1 ; x_2 ; ... ; x_n)$ est la valeur de la variable telle que la **liste étant ordonnée, il y ait autant de valeurs rangées avant elle que de valeurs rangées après elle.**
Naturellement, cette définition est très réductrice.

Traduction :

Tout d'abord, il faut ranger la série de valeurs par ordre croissant ou décroissant puis vérifier le nombre de valeurs dans la série : impair ou pair.

- Cas d'une série avec un nombre impair de valeurs (voir exemple 1) :
  Dans l'exemple 1 : 3 chiffres sont inférieurs à 15 et 3 chiffres sont supérieurs à 15.
  La valeur médiane est : 15

- Cas d'une série avec un nombre pair de valeurs (voir exemple 2) :
  Dans l'exemple 2 : 4 chiffres sont supérieurs à 1,27 et 4 chiffres sont inférieurs à 1,26.
  La valeur médiane est : 1,265

En conclusion, si la liste a un nombre impair de valeurs, la valeur médiane est unique (voir exemple 1).
Par contre, si la liste a un nombre pair de valeurs, la valeur médiane est constituée par la moyenne entre 2 valeurs (voir exemple 2).

◆ Comparaison entre moyenne et médiane

Il y a beaucoup de maisons à prix modérés, mais d'autres sont coûteuses et quelques unes sont très chères. Le prix moyen pourrait être assez élevé puisqu'il inclut le prix des maisons les plus coûteuses.
La médiane donne une valeur plus exacte et réaliste des prix auxquels la plupart des gens sont confrontés.

◆ Le quartile

Dans quartile il y **quart** et pour une série on a :
- 1er quartile : donnée de la série qui sépare les 25% inférieurs des données.
- 2ème quartile : donnée de la série qui sépare la série en deux parties (50%).
- 3ème quartile : donnée de la série (75%) qui sépare les 25% supérieurs des données.

- Cas avec 12 valeurs

Exemple : 8,2 ; 8,9 ; 8,6 ; 9,4 ; 9,2 ; 9,6 ; 10 ; 10,3 ; 11,2 ; 11,6 ; 12 ; 12,8

Rangeons les dans l'ordre croissant (ou décroissant).

8,2 ; 8,6 ; 8,9 ; 9,2 ; 9,4 ; 9,6 ; 10 ; 10,3 ; 11,2 ; 11,6 ; 12 ; 12,8

12 (valeurs) / 4 (le quart) = **3**

Le premier quartile se situe entre la troisième et la quatrième valeur.
Donc, entre 8,9 et 9,2 => (8,9 + 9,2) / 2 = 18,1 / 2 = **9,05**
On additionne d'abord et on divise ensuite.

Le second quartile (c'est la médiane) se situe entre 9,6 et 10
Soit : (9,6 + 10) / 2 = 19,6 / 2 = **9,8**

Le troisième quartile (et dernier) se situe entre 11,2 et 11,6
Soit : (11,2 + 11,6) / 2 = 22,8 /2 = **11,4**

- Cas avec 6 valeurs :

Exemple : 1,2 ; 1,3 ; 1,8 ; 2,2 ; 2,5 ; 2,7 (rangement par ordre croissant)

6 (valeurs) / 4 (le quart) = **1,5**

1er quartile : (1,3 + 1,8) / 2 = 3,10 / 2 = 1,55
2ème quartile (médiane) : (1,8 + 2,2) / 2 = 4 / 2 = 2
3ème quartile : (2,2 + 2,5) / 2 = 4,7 / 2 = 2,35

◆ Caractéristiques de dispersion

Voici 2 séries de notes obtenues par deux élèves. Appelons les Tim et Tom.

Tim : 6 ; 8 ; 10 ; 13 ; 14   Tom : 1 ; 9 ; 10 ; 13 ; 18
6 + 8 + **10** + 13 + 14 = 51   1+ 9 + **10** + 13 + 18 = 51

Les 2 séries ont la même médiane (10) et la même moyenne (10,2).
Par contre, la série obtenue par Tom est plus « dispersée » que celle obtenue par Tim.
Pour décrire une série statistique, on considère donc, en plus des caractéristiques de position, des caractéristiques de dispersion.

20.4 – NOTIONS DE MOYENNE ET D'ÉCART-TYPE*

Exercice : Analyser les résultats d'un contrôle de maths en utilisant les notions de moyenne, d'écart-type* et de médiane.

Tranche de notes	Pourcentage
(0 ; 4)	0,08
(4 ; 8)	0,21
(8 ; 12)	0,47
(12 ; 16)	0,15
(16 ; 20)	0,09

Explications :

Dans la tranche de notes de 0 à 4, il y a 8% d'élèves.
Dans la tranche de notes de 4 à 8, il y a 21% d'élèves. Et, ainsi de suite …
N'oubliez pas, en écriture décimale, **8% s'écrit 0,08** ; de même 21% s'écrit 0,21.

	Centre d'intervalle	Pourcentage	Pourcentages cumulés
(0 ; 4)	2	0,08	0,08
(4 ; 8)	6	0,21	0,29
(8 ; 12)	10	0,47	0,76
(12 ; 16)	14	0,15	0,91
(16 ; 20)	18	0,09	**1***

Les questions

Explications du centre d'intervalle (C_i)
   2 se situe entre 0 et 4   6 entre 4 et 8   10 entre 8 et 12   14 entre 12 et 16   18 entre 16 et 20

Explications des pourcentages cumulés :
   0,08 + 0,21 = 0,29   0,29 + 0,47 = 0,76
   0,76 + 0,15 = 0,91   0,91 + 0,09 = 1

<u>Note</u> : la somme des pourcentages cumulés est égal à **1* soit 100%.**
Pour une raison pratique, dans les calculs suivants, on exprime les pourcentages directement en valeur décimale, par ex. : 0,08 au lieu de 8%.

- **Définition de la moyenne d'une série statistique**

  La moyenne - notée $\bar{x}$ - de la série des n valeurs (x_1 ; x_2 ; ... ; x_n) est le quotient de la somme des valeurs **par le nombre N de valeurs** (*bla bla bla !!!*).

  $$Moyenne : \bar{x} = \frac{(x_1 \times n_1) + (x_2 \times n_2) + \; ... \; + (x_p \times n_p)}{N}$$

  Notez surtout que l'on divise par le nombre N de valeurs.
  Dans cette série statistique, ici N = 1* (pourcentages % cumulés)

  $$\bar{x} = \frac{(2 \times 0,08) + (6 \times 0,21) + (10 \times 0,47) + (14 \times 0,15) + (18 \times 0,09)}{1^{\,*}\,(ici\,\%\,cumulés)} = 9,84$$

- **L'écart-type** σ sert à mesurer la dispersion d'un ensemble de données autour de sa valeur moyenne.

  $$\sigma = \sqrt{\frac{(2^2 \times 0,08) + (6^2 \times 0,21) + (10^2 \times 0,47) + (14^2 \times 0,15) + (18^2 \times 0,09)}{1^{\,*}\,(ici\,\%\,cumulés)} - 9,84^2}$$

  $Ecart\;type : \sigma = \sqrt{16,86} \quad \cong 4,11 \; (\cong signifie\;environ)$

- La **médiane** se détermine par interpolation linéaire. Pour cette série avec un nombre impair de valeurs, la médiane se situe entre 8 et 12. L'expression s'écrit :

  $$Médiane : \frac{Me - 8^{\,*}}{0,5^{\,*} - 0,29} = \frac{12 - 8^{\,*}}{0,76 - 0,29^{\,*}}$$

  Remarque : je préviens que le calcul s'effectue de façon "croisée".
  Soit : $(M_e - 8) \times (0,76 - 0,29) = (0,5 - 0,29) \times (12 - 8)$
  $\quad\quad (M_e - 8) \times 0,47 = 0,21 \times 4 = 0,84$
  $\quad\quad (M_e - 8) = (0,84 / 0,47) = 1,78723 = 1,79$ *(arrondi à 2 chiffres)*
  $\quad\quad \mathbf{M_e = 1,79 + 8 = 9,79}$

  Remarque importante : * pourquoi diviser par **1** et non par le nombre N de valeurs (ici 5).
  Dans cette série statistique, on considère des pourcentages (% cumulés) et non des valeurs !
  Cet exemple de % est complexe, mais il montre l'étendue de l'analyse d'une série statistique.

  Comme exemple simple, prenons la moyenne de la série statistique de l'exemple 1 :

  $$\frac{18 + 14 + 15 + 11 + 13 + 16 + 17}{7} = \frac{104}{7} = 14,86$$

  Ici, on divise bien par le nombre de valeurs qui est de 7 dans ce cas précis.

- **Ecart-type** : c'est une mesure de dispersion autour de la valeur moyenne. Disons que c'est l'écart moyen entre chaque valeur, après calcul sur l'ensemble des valeurs. Cette relation est un peu théorique .

- *Médiane* : $\dfrac{Me - 8}{0,5 - 0,29} = \dfrac{12 - 8}{0,76 - 0,29}$

Dans le tableau de valeurs page 105, la médiane est située entre 8 et 12 et son calcul se détermine par l'interpolation linéaire entre des valeurs connues « encadrantes ».
A la valeur Me correspond la moyenne des pourcentages (0,50).
Donc, avec l'exemple du haut Me - 8 (8 est le premier chiffre de l'intervalle, l'autre étant 12)
Je divise le tout par 0,50 (moyenne des %) - le % cumulé précédent (ici, c'est 0,29).
12 - 8 : c'est l'intervalle inversé (au lieu de 8 ; 12).
Avec 0,76 (pourcentages cumulés) de l'intervalle - le % cumulé de l'intervalle précédent (0,29).
Pour le reste, il "suffit" de suivre l'emplacement des chiffres avec l'opération croisée et d'effectuer le calcul. **Pratiquez avec l'exercice suivant.**

20.5 – CALCULER LES MOYENNES, LES MÉDIANES ET L'ÉCART-TYPE

Vous disposez des salaires annuels nets des employés d'une société de conseil (Conseil en or) pour les années 2009 et 2010.

Exercice :

Analyser l'évolution des salaires annuels nets entre 2009 et 2010 en utilisant les notions de moyenne, de médiane et de dispersion. La première classe est limitée inférieurement à 26 000 € et la dernière à la limite supérieure de 242 000 €.

Annexe - Salaire moyen des salariés (Conseil en or)

Tranches salariales	Moyenne 2009 en %	Moyenne 2009 cumulée en %	Moyenne 2010 en %	Moyenne 2010 cumulée en %
Inf. à 32 000 €	30	30	24	24
32 - 38 000 €	18	48	15	39
38 - 42 000 €	11	59	10	49
42 - 52 000 €	15	76	19	68
52 - 62 000 €	11	85	11	79
62 - 82 000 €	7	92	10	89
82 - 92 000 €	3	95	5	94
Sup. à 92 000 €	5	100	6	100

Analyse de l'évolution du salaire net des salariés

c_i	$n_{i(09)}$	$c_i\,n_{i(09)}$	$c_i^2\,n_{i(09)}$	$n_{i(09)}$ cumulés	$n_{i(10)}$	$c_i\,n_{i(10)}$	$c_i^2\,n_{i(10)}$	$n_{i(10)}$ cumulés
29 000*	0,30*	8 700*	252 300 000*	0,300*	0,24	6 960*	201 840 000*	0,240
35 000*	0,18	6 300*	220 500 000	0,480*	0,15	5 250	183 750 000	0,390
40 000	0,11	4 400*	176 000 000	0,590*	0,10	4 000	160 000 000	0,490
47 000	0.15	7 050	331 350 000	0,760	0,19	8 930	419 710 000	0,680*
57 000	0,11	6 270	357 390 000	0,850	0,11	6 270	357 390 000	0,790
72 000	0,07	5 040	362 880 000	0,920	0,10	7 200	518 400 000	0,890
87 000	0,03	2 610	227 070 000	0,950	0,05	4 350	378 450 000	0,940
164 500*	0,05	8 225	1 353 012 500	1,000*	0,06	9 870	1 623 615 000	1,000
	1,00*	48 595	3 280 502 500		1,00	52 830	3 843 155 000	

Les questions

Pourquoi le tableau de l'analyse de l'évolution du salaire net des salariés démarre t'il à **29 000** alors que **dans l'Annexe 1**, on a noté moins de 32 000 et que dans l'intitulé de l'exercice la 1ère classe est limitée inférieurement à **26 000 €** (voir donnée de l'exercice).

Précisons que **29 000 est le C_I** (Centre d'intervalle entre 26 000 et 32 000).
35 000 est le C_I entre 32 000 et 38 000 ; 40 000 est le C_I entre 38 000 et 42 000 ; etc. ...

0,30 = 30% ; 0,18 = 18% ; 0,11 = 11% ; etc. ...
8 700 = 29 000 × 0,30 ; 6 300 = 35 000 × 0,18 ; 4 400 = 40 000 × 0,11 ; etc. ....
0,300 : c'est le 0,30 ; on met 3 chiffres après la virgule pour les statistiques cumulées.
0,480 = 0,300 + 0,18 ; 0,590 = 0,480 + 0,11 ; etc. ...

0,5 (valeur de la médiane) = la moitié de 1 (1,000) (ne cherchez pas 0,5 dans le tableau, il n'y est pas). Exemple pour l'année **2009** du tableau ($n_{i(9)}$ cumulés), c'est la valeur 0,590 qui vient au-dessus de 0,50. Pour l'année **2010** ($n_{i(10)}$ cumulés), le premier nombre qui est au-dessus de 0,50, c'est 0,680. **1,000** : en fait, c'est 100%.

164 500 = (87 000 + 242 000) / 2 = 329 000 / 2
87 000, valeur du C_i correspondant à la tranche de salaire : 82 - 92 000. (entre 82 000 et 92 000)
242 000, c'est la limite supérieure de salaire annuel (voir donnée de l'exercice).

◆ Calcul du salaire médian 2009

Pour 2009, le salaire médian se situe dans la tranche de salaire annuel : 38 - 42 000
Selon la procédure décrite au s/chapitre 20.4, on peut écrire :

$$\frac{M_e - 38\,000\,^*}{0,5 - 0,48\,^*} = \frac{42\,000 - 38\,000\,^*}{0,59 - 0,48}$$

<u>Remarque</u> : le calcul s'effectue de façon "croisée"

$(M_e - 38\,000) \times (0,59 - 0,48) = (0,5 - 0,48) \times (42\,000 - 38\,000)$
$(M_e - 38\,000) \times 0,11 = 0,02 \times 4\,000 = 80$
$M_e - 38\,000 = 80 / 0,11 = 727,27$
$M_e = 727,27 + 38\,000 = 38\,727,27$

Le salaire médian en 2009 est de 38 727,27 €

Les questions

La médiane est située dans la tranche de salaire 38 000 - 42 000 correspondant à la moyenne cumulée de 59% (voir Annexe). Il faut toujours l'écrire 42 000 - 38 000 et non l'inverse.
0,48 (0,480) dans le **tableau analyse de l'évolution du salaire est au-dessus de 0,59** (0,590).
Le pourcentage cumulé correspondant à la valeur de Me est de 50% (c'est toujours vrai).
Ensuite, la démarche est analogue à celle présentée au s/chapitre 20.4.

◆ Calcul du salaire médian 2010

1) Pour calculer la médiane 2010, je lis l'Annexe1 (tableau) et à la colonne Moyenne 2010 cumulée, je vois que le premier chiffre au-dessus de 50, c'est 68 qui correspond à la tranche salariale :
    42 000- 52 000 **donc la médiane est 42 000.**

$$\frac{M_e - 42\,000\,^*}{0,5 - 0,49\,^*} = \frac{52\,000 - 42\,000}{0,68 - 0,49}$$

$(Me - 42\,000) \times (0,68 - 0,49) = (0,5 - 0,49) \times (52\,000 - 42\,000)$
$(Me - 42\,000) \times 0,19 = 0,01 \times 10\,000 = 100$
$Me - 42\,000 = 100 / 0,19 = 526,32$
$Me = 526,32 + 42\,000 = 42\,526,32$

Le salaire médian en 2010 est de 42 526,32 €

Ces notions de statistiques ne sont pas à priori évidentes à la compréhension, je suppose qu'au travers de ces exemples vous pourrez mieux vous débrouiller.

21.1 – PRÉVISIONS DES VENTES AVEC LA MÉTHODE DES MOINDRES CARRÉS

A partir des ventes réalisées par votre société de 2006 à 2010, faites une prévision des ventes pour les années 2011 à 2014*.

L'exercice est ancien, mais rien n'empêche de changer les années, la méthode est la même.

Période	x	Y	X = x - moy (x)	Y = y - moy (y)	X (au carré)	XY
2006	1	200	-2	-28	4	56
2007	2	220	-1	-8	1	8
2008	3	240	0	12	0	0
2009	4	230	1	2	1	2
2010	5	250	2	22	4	44
Total	15	1 140			10	110
Moyenne	3	228				

Explications du tableau :

Le **1** de la colonne **x** correspond à la **1ère année**, le **2** à **la seconde année** et ainsi de suite...

Le **200** de la colonne **y** correspond au nombre des ventes en **2006**, le **220** à celles **de 2007**, etc. ...

Le 15 de la case total, c'est : 1 + 2 + 3 + 4 + 5 =15

Le **3** est la moyenne de x, c'est : 15 / 5 (le nombre d'années)

Le **228** est la moyenne de y, c'est : 1 140 / 5 = **228**

Rappel sur le signe du résultat en utilisant l'opérateur "×" ou "/" :

Opérateur "×" ou "/"	+	-
+	+	-
-	-	+

X = x - moyenne (x) = > *(ici 3, moyenne de x)*
   2006 : X = 1 - 3 = -2
   2007 : X = 2 - 3 = -1
   2008 : X = 3 - 3 = 0 ; etc...

Y = y - moyenne (y) => *(ici 228, moyenne de y)*
   2006 : Y = 200 - 228 = -28
   2007 : Y = 220 - 228 = - 8
   2008 : Y = 240 - 228 = 12 ; etc...

X au carré : X^2

    2006 : X^2 = 4 c'est : (-2) × (-2) = 4

    2007 : X^2 = 1 c'est : (-1) × (-1) = 1

    2008 : X^2 = 0 c'est : 0 × 0 = 0 *(évident)* ; etc...

X Y

    2006 : X Y = 56 c'est : (-2) × (-28) = 56

    2007 : X Y = 8 c'est : (-1) × (-8) = 8

    2008 : X Y = 0 c'est : (0) × (12) = 0 ; etc...

Prévision des ventes pour les années 2011 à 2014

Les prévisions de ventes s'effectuent par la méthode des moindres carrés dont le modèle peut prendre diverses formes. Ici, le modèle utilisé est de la forme : **y = a x + b** (équation d'une droite).

Les coefficients a et b se déterminent en fonction des données connues définies lors des années (immédiatement) précédentes aux prévisions (et sur une période équivalente à celle des prévisions).

Les relations des coefficients a et b sont :

$$a = \frac{Somme\ des\ X\,Y}{Somme\ des\ X^2} \ ; \ b = Moyenne\ des\ (y) - (a \times Moyenne\ des\ x)$$

D'après les données des années 2006 - 2010, on a :

Somme des X Y = 110   Moyenne des (y) = 228

Somme des X^2 = 10   Moyenne des (x) = 3

Calcul des coefficients a et b : **a** = 110 / 10 = **11** ; **b** = 228 - (11 × 3) = **195**

Prévision	x	y = ax + b
2011	6	261
2012	7	272
2013	8	283
2014	9	294

Prévisions :

    2011 : y = 11 × 6 + 195 = 261

    2012 : y = 11 × 7 + 195 = 272

    2013 : y = 11 × 8 + 195 = 283

    2014 : y = 11 × 9 + 195 = 294

21.2 – PRÉVOIR LES VENTES AVEC LA MÉTHODE DE MAYER

Comment prévoir les ventes de la 7e année

La méthode de Mayer consiste d'abord à diviser une série statistique en deux groupes égaux (ou presque si le nombre de valeurs est impair) puis à calculer pour chacun d'eux un point moyen. Puis on trace la **droite de tendance** qui rejoint ces deux points.

Equation de la droite de tendance :

x années	1	2	3	4	5	6
y ventes	130	250	310	340	360	400

Groupe 1		Groupe 2

La **droite de tendance** est de la forme **y = a x + b** et elle passe par les points moyens M et N tels que :

$$x_M = \frac{(1 + 2 + 3)}{3_{années}}$$

$$x_M = 2$$

$$x_N = \frac{(4 + 5 + 6)}{3_{années}}$$

$$x_N = 5$$

$$y_M = \frac{(130 + 250 + 310)}{3_{années}}$$

$$y_M = 230 = a \times 2 + b \ (1)$$

$$x_N = \frac{(340 + 360 + 400)}{3_{années}}$$

$$y_N = 366,67 = a \times 5 + b \ (2)$$

C'est un système de **2 équations à 2 inconnues** (a et b) que l'on cherche :

Calcul du coefficient a
- (2) - (1) => c'est-à-dire la 2ème équation - la 1ere équation
- (2) - (1) => 366,67 - 230 = (5 a +b) - (2 a + b)
- (2) - (1) => 136,67 = 3 a => a = 136,67 / 3 = 45,56

d où : a = 45,56

Calcul du coefficient b
- 230 = (45,56 × 2) + b = 91,12 + b ;   avec (a × 2) = 2 × 45,56 = 91,12
- 230 - 91,12 = b = 138,88

d'où : b = 138,88

La droite de tendance est : y = **45,56** x + **138,88**

Pour prévoir les ventes de la 7e année, je remplace x par 7 :
y = (45,56 × 7) + 138,88 = 457,80

21.3 – LES MOYENNES MOBILES

De 2005 à 2012, les ventes d'un produit sont les suivantes :

Année	Ventes (en K quantités)
2005	614
2006	673
2007	864
2008	713
2009	139
2010	1 113
2011	400
2012	1 111

Aucune tendance ne se distinguant réellement, il est difficile de faire des prévisions. Nous allons donc calculer les moyennes mobiles sur 3 années.

Moyenne mobile de l'année N $$\frac{valeur\ (N-1) + valeur\ (N) + valeur(N+1)}{3_{années}}$$

N-1 signifie que je vais intégrer la valeur de l'année d'avant N dans mes calculs
N+1 signifie que je vais intégrer la valeur de l'année d'après N dans mes calculs

Calcul des moyennes mobiles des années 2006 à 2011 avec une période de 3 ans.

2006 : moyenne mobile = $\dfrac{614 + 673 + 864}{3_{années}} = 717$

2007 : moyenne mobile = $\dfrac{673 + 864 + 713}{3_{années}} = 750$

2008 : moyenne mobile = $\dfrac{864 + 713 + 139}{3_{années}} = 572$

2009 : moyenne mobile = $\dfrac{713 + 139 + 1\ 113}{3_{années}} = 655$

2010 : moyenne mobile = $\dfrac{139 + 1113 + 400}{3_{années}} = 550,67$

2011 : moyenne mobile = $\dfrac{1\ 113 + 400 + 1\ 111}{3_{années}} = 874,67$

Calculez des moyennes mobiles sur 4 trimestres

Le chiffre d'affaires de la société Duflouze ayant évolué ces 3 dernières années (voir tableau ci-dessous), calculez les moyennes mobiles sur 4 trimestres.

Evolution du chiffre d'affaires (en milliers d'euros)

Année	1e trimestre	2e trimestre	3e trimestre	4e trimestre
2010	4	4,6	4,2	5
2011	5,8	5,1	6,3	6,1
2012	6	5	3,6	3,1

Je calcule les moyennes mobiles (m_i) sur 4 trimestres :

$$m_1 = \frac{4 + 4,6 + 4,2 + 5}{4} = 4,45 \qquad m_2 = \frac{4,6 + 4,2 + 5 + 5,8}{4} = 4,90$$

$$m_3 = \frac{4,2 + 5 + 5,8 + 5,1}{4} = 5,03 \qquad m_4 = \frac{5 + 5,8 + 5,1 + 6,3}{4} = 5,55$$

$$m_5 = \frac{5,8 + 5,1 + 6,3 + 6,1}{4} = 5,83 \qquad m_6 = \frac{5,1 + 6,3 + 6,1 + 6}{4} = 5,88$$

$$m_7 = \frac{6,3 + 6,1 + 6 + 5}{4} = 5,85 \qquad m_8 = \frac{6,1 + 6 + 5 + 3,6}{4} = 5,18$$

$$m_9 = \frac{6 + 5 + 3,6 + 3,1}{4} = 4,43$$

21.4 – COEFFICIENTS SAISONNIERS

On vous donne les chiffres d'affaires de l'agence Events en milliers d'euros, réalisés **au cours des 3 dernières années**. Pour information, le chiffre d'affaires prévisionnel **pour l'année 4** est exprimé en milliers d'euros, soit : 800 k€ = 800 000 €

Calculez les chiffres d'affaires prévisionnels par trimestre en tenant compte de la saisonnalité de l'activité.

	Trimestre 1	Trimestre 2	Trimestre 3	Trimestre 4	Total	Moyenne générale ou moyenne des 4 moyennes
Année 1	110	130	250	170		
Année 2	130	140	270	190		
Année 3	150	160	330	200		
Total	390	430	850	560		
Moyenne pour chaque trimestre						
Coefficients						
Prévision						

Calcul des chiffres d'affaires prévisionnels par trimestre

	Trimestre 1	Trimestre 2	Trimestre 3	Trimestre 4	Total	Moyenne générale ou moyenne des 4 moyennes
Année 1	110	130	250	170		
Année 2	130	140	270	190		
Année 3	150	160	330	200		
Total	390	430	850	560	2 230	
Moyenne pour chaque trimestre	130	143,33	283,33	186,67	733,33	185,83
Coefficients	0,70	0,77	1,52	1,01	4,00	
Prévision	140	154	304	202	800	

Coefficient du trimestre = moyenne du trimestre / moyenne générale	Prévisions du trimestre = (prévision annuelle × coefficient saisonnier) / 4	Le total des coefficients doit toujours être égal à 4	La somme des prévisions trimestrielles doit être égale à la prévision annuelle initiale

Attention : Pour un calcul à partir de moyennes mensuelles, le coefficient qui représente l'année est 12 (12 mois dans l'année) **et non 4** (4 trimestres) **comme dans notre exercice.**

Les questions

Total : 2 230 = 390 + 430 + 850 + 560

Moyenne trimestrielle : 130 = 390 / 3 ; 143,33 = 430 / 3 ; etc. ….

Coefficient : 0,70 = 130 / 185,83 ; 0,77 =143,33 / 185,83 ; etc. ….

Prévision : 140 = 800 × 0,70 / 4 ; 154 = 800 × 0,77 / 4 ; etc. …

Note : si j'avais choisi 900 comme prévision initiale, il me suffisait de multiplier par 900 au lieu de 800.
Exemple : 900 × 0,71 / 4

22 – LA GESTION BUDGÉTAIRE

22.1 – BUDGET PRÉVISIONNEL DE TRÉSORERIE

Exercice 1 :

Arrivé récemment chez Distributout, on vous demande de réaliser le budget de trésorerie prévisionnel pour le 3ème trimestre N. Vous disposez des renseignements suivants :

1) Extrait de la balance au 30 juin
2) Infos complémentaires

Travail à faire

1) A l'aide de la balance ci-dessous et des informations complémentaires (2), complétez les états prévisionnels de trésorerie.

2) Commentez la situation prévisionnelle de trésorerie de l' unité commerciale Distributout.

a) Extrait de la balance au 30 juin

N° des comptes	Intitulés des comptes	Solde	
		Débiteur	Créditeur
164	Emprunt auprès des établissements de crédit		29 000
401	Fournisseurs[1]		31 240
411	Clients[2]	39 300	
430	Sécurité Sociale et autres organismes sociaux		15 750
445 500	Etat : TVA à décaisser		6 810
512	Banque	23 500	
530	Caisse	6 440	

Note : (1) : payables en juillet ; (2) : encaissés en juillet

Les numéros de comptes de ne sont pas inventés, ils sont officiels et correspondent à l'intitulé.

b) Informations complémentaires

• Achats et ventes

Les achats et ventes sont soumis au taux de TVA de 20%. Ils seraient les suivants pour le 3ème trimestre N :

Achats et Ventes	Juillet N	Août N	Septembre N
Ventes HT	76 000,00	111 000,00	140 000,00
Achats HT	29 000,00	41 000,00	65 100,00
Achats d'immobilisations HT		19 300,00	

Les achats sont payés à 30 jours, fin de mois.
Les ventes sont encaissées pour 60% au comptant et le reste à 30 jours fin de mois.

◆ Investissements et emprunts

Un investissement est prévu pour la 1ère quinzaine d'août pour un montant HT de 19 300 €.

Il sera payé le même mois en totalité.

Un emprunt de 29 000 € a été contracté en juillet N-1 à amortissement constant sur 4 ans au taux de 5% l'an. La 1ère annuité sera remboursée le 1er août N.

◆ Charges de personnel et charges sociales

Les salaires s'élèvent à 10 500 € et sont payés le 30 de chaque mois.

Les charges sociales s'élèvent à 15 750 € et sont réglées le 15 du mois qui suit chaque trimestre.

◆ Impôts sur les sociétés et TVA

Le 3ème acompte de l'impôt sur les sociétés est à payer pour le 15 septembre N (21 800 €).

La TVA à décaisser est réglée le mois suivant.

1) Budget prévisionnel de trésorerie

Pour une raison de clarté, je propose un plan de travail contenant :

- Colonne de gauche : rappel des conditions pour les données (sauf les valeurs)

- Colonne de droite : plan de travail permettant de déterminer le budget prévisionnel de trésorerie

Données	Tableaux et calculs

• **Extrait de la balance au 30 juin** (voir tableau)
• **Achats et ventes** (voir tableau)
  - Achats payés 30 jours, fin de mois
  - Ventes : 60% encaissées au comptant
     40% encaissées 30 jours fin de mois
• **Investissements et emprunts**
  - Un investissement prévu la 1ère quinzaine d'août et payé en totalité le même mois
  - Emprunt contracté en juillet N-1
     Amortissement constant sur 4 ans au taux de 5%
     1ère annuité remboursée le 1er août N
• **Charges de personnel et charges sociales**
  - Salaires payés le 30 de chaque mois
  - Charges sociales réglées le 15 du mois qui suit chaque trimestre
• **Impôts sur les sociétés et TVA**
  - 3ème acompte de l'impôt à payer le 15 septembre
  - TVA à décaisser réglée le mois suivant
	a) Budget de trésorerie
	
	b) Budget de TVA
	
	c) Budget des encaissements
	
	d) Budget des décaissements
	
	e) Budget prévisionnel de trésorerie

a) Tableau du budget de trésorerie

Achats et Ventes	Juillet N	Août N	Septembre N
Ventes HT	76 000,00	111 000,00	140 000,00
Ventes TTC*	**91 200,00***	133 200,00	168 000,00
Achats HT	29 000,00	41 000,00	65 100,00
Achats TTC	**34 800,00***	49 200,00	78 120,00
Achats d'immobilisations HT		**19 300,00***	

Ventes et achats TTC :

91 200 = 76 000 × 1,20 (20% de taux de TVA) ; etc....

34 800 = 29 000 × 1,20 ; etc....

19 300 : achats d'immobilisations HT (voir investissement et emprunt)

b) Tableau du budget de TVA

Budget de TVA	Juillet N	Août N	Septembre N
TVA collectée sur les ventes	**15 200,00***	**22 200,00***	**28 000,00***
TVA déductible sur ABS	**5 800,00***	**8 200,00***	**13 020,00***
TVA déductible sur immobilisation		**3 860,00***	
TVA à payer	**9 400,00***	**10 140,00***	14 980,00
TVA à décaisser	**6 810,00***	**9 400,00***	**10 140,00***

Explications des budgets de TVA

Juillet :   **15 200** = 91 200 - 76 000 (TVA sur les ventes)
   5 800 = 34 800 - 29 000 (TVA sur les achats)
   6 810 : TVA à décaisser (voir balance du 30 juin)

Août :   **22 200** = 133 200 - 111 000 (TVA sur les ventes)
   8 200 = 49 200 - 41 000 (TVA sur les achats)
   3 860 = 19 300 × 20% (TVA déductible sur immobilisations)
   9 400 : TVA de juillet à décaisser en août (**1 mois après**)

Sept. :   **28 000** = 168 000 - 140 000 (TVA sur les ventes)
   13 020 = 78 120 - 65 100 (TVA sur les achats)
   10 140 : TVA d'août à décaisser en septembre (1 mois après)

Budget des encaissements	Juillet N	Août N	Septembre N
Clients (balance 30 juin)	39 300,00*		
Ventes TTC : 60%	54 720,00*	79 920,00*	100 800,00*
Ventes TTC : 40%		36 480,00*	53 280,00*
Totaux	94 020,00	116 400,00	154 080,00

Juillet : **39 300** : Clients (voir Clients - extrait de la balance du 30 juin)

54 720 = 91 200 × 60% (montant des ventes TTC de juillet encaissé au comptant)

Août : **79 920** = 133 200 × 60% (montant des ventes TTC d'août encaissé au comptant)

36 480 = 91 200 × 40% (montant des ventes TTC de juillet encaissé à 30 jours fin de mois)

Sept. : **100 800** = 168 000 × 60% (montant des ventes TTC de sept. encaissé au comptant)

53 280 = 133 200 × 40% (montant des ventes TTC d'août encaissé à 30 jours fin de mois)

d) Tableau du budget des décaissements

Budget des décaissements	Juillet N	Août N	Septembre N
Fournisseurs *(balance 30 juin)*	31 240,00		
Charges sociales *(balance 30 juin)*	15 750,00		
TVA à décaisser *(budget de TVA)*	6 810,00	9 400,00	10 140,00
Achats TTC		34 800,00*	49 200,00*
Salaires	10 500,00	10 500,00	10 500,00
Immobilisations*		23 160,00*	
Emprunt 1ère annuité*		8 700,00*	
Impôts sur les sociétés *(3ème acompte)*			21 800,00
Total des décaissements	64 300,00	86 560,00	91 640,00

La plupart des montants sont indiqués dans les données ou déjà calculés dans les tableaux précédents.
Pour une raison pratique, on indique *(entre parenthèses)* la source des données.
Ci-après les explications sur quelques montants spécifiques.

Août : **34 800** : achats TTC de juillet payables en août (payables à 30 jours, fin de mois)

23 160 = 19 300 × 1,20 (investissement TTC début août et payable le même mois en totalité)

8 700 = 29 000 × 5% + (29 000 / 4) : emprunt contacté en juillet N-1 à amortissement constant sur 4 ans avec un taux de 5% l'an. La 1ère annuité est remboursée le 1er août N.

Sept. : **49 200** : achats TTC d'août payables en septembre (payables à 30 jours, fin de mois)

e) Tableau du budget prévisionnel de trésorerie

Budget de trésorerie	Juillet N	Août N	Septembre N
Trésorerie initiale	29 940,00*	59 660,00*	89 500,00
+ Encaissements *(voir tableau des encaissements)*	94 020,00	116 400,00	154 080,00
- Décaissement *(voir tableau des décaissements)*	64 300,00	86 560,00	95 500,00
= Trésorerie fin du mois	59 660,00	89 500,00	148 080,00

Juillet : **29 940** = 23 500 (banque) + 6 440 (caisse) : données dans la balance du 30 juin

Août. : **59 660** : report de la trésorerie de fin du mois de juillet

2) Commentaire sur la situation prévisionnelle de trésorerie

Comme la trésorerie est excédentaire, on peut placer l'excédent à court terme (si on a le droit).
Pas de placements à long terme, on peut avoir besoin d'argent pour faire face à des dépenses imprévues.
La société peut rembourser l'emprunt par anticipation.

J'ai naturellement divisé le tableau du budget de trésorerie en 5 parties (5 sous-tableaux) pour plus de commodités : Achats et ventes, budget de TVA, budget des encaissements, budget des décaissements et budget prévisionnel de trésorerie (voir le tableau de synthèse présenté au début de la résolution de cet exercice).

Exercice 2 : Etablir un budget des approvisionnements avec un taux de marge, établir un budget de trésorerie et commenter la situation.

Analyser la situation :

La société Bing distribue du matériel de précision.

Au début d'avril N, vous devez préparer son budget de trésorerie prévisionnel pour le 2ème trimestre N.

Vous disposez des données dans l'extrait de la balance au 31 mars et d'informations complémentaires.

Tenez compte d'une augmentation des ventes de 20% pour le 2ème trimestre N par rapport au 2ème trimestre N-1. Les ventes du 2ème trimestre N-1 étaient les suivantes : 156 000 € en avril, 115 000 € en mai et 174 000 € en juin.

Les achats du 2ème trimestre N sont évalués par rapport au budget des ventes ; **le taux de marge est de 80 %.**

Travail à faire

1) Présenter le budget des ventes et des approvisionnements.

2) Présentez le budget prévisionnel de trésorerie pour le 2ème trimestre N.

3) Commenter le budget.

a) Extraits de la balance au 31 mars (BING)

Numéro des comptes	Intitulé des comptes	Soldes	
		Débiteurs	Créditeurs
401	Fournisseurs		70 400
403	Fournisseurs - Effets à payer		52 100
411	Clients	28 400	
413	Clients - Effets à recevoir	80 900	
430	Sécurité sociale et organismes sociaux		18 000
44551	Etat : TVA à décaisser		9 420
512	Banque	60 000	
530	Caisse	18 800	

b) Informations complémentaires

• Achats et ventes : votre société est soumise à une TVA de 20% pour toutes ses opérations.
  - Les ventes sont encaissées pour 20% au comptant et le reste à 60 jours fin de mois.
    Les Clients de la balance seront encaissés en avril et les Clients - Effets à recevoir en mai.
  - Les achats sont réglés pour 20% au comptant, 50% à 30 jours fin de mois et 30% à 60 jours fin de mois.
    Les Fournisseurs de la balance seront payés en avril et les Fournisseurs - Effets à payer en mai.

• La TVA à décaisser est payée le mois suivant et un emprunt est remboursé chaque mois pour un montant de 10 100 €.

- Un matériel a été acheté et payé en totalité en mai (62 100 € HT).
- Des dividendes (21 150 €) seront versés aux actionnaires en juin.
- Les salaires s'élèvent à 36 000 € et sont payés le 30 de chaque mois.
- Les charges sociales (18 000 €) sont réglées le 15 du mois suivant.
- Le second acompte de l'impôt sur les sociétés est à payer le 15 Juin (22 100 €).
- Une augmentation de capital a lieu en mai avec un montant encaissé de 24 000 €.

Comme dans l'exercice 1, je propose un plan de travail contenant :
- Colonne de gauche : rappel des conditions pour les données (sauf les valeurs)
- Colonne de droite : plan de travail permettant de déterminer le budget prévisionnel de trésorerie

Données	Tableaux et calculs

• **Extrait de la balance au 31 mars** (voir tableau)
• **Achats et ventes**
  - Achats HT: ventes HT/ taux de marge (80%)
    Achats payés 20% au comptant, 50% à 30 jours
    fin de mois et 30% à 60 jours fin de mois
  - Ventes : augmentation des ventes de 20% pour
    le 2ème trimestre N par rapport au 2ème trimestre N-1 ;
    20% encaissés au comptant
    et le reste à 60 jours fin de mois
• **Balance du 31 mars**
  - Clients : encaissements en avril
  - Clients - Effets à recevoir : encaissements en mai
  - Fournisseurs : payés en avril
  - Fournisseurs - Effets à payer : payés en mai
• **TVA** : payée le mois suivant
• **Emprunt** : remboursé en partie chaque mois
• **Matériel** : acheté en mai et payé en totalité en mai
• **Dividendes** : versée aux actionnaires en juin
• **Salaires** : payés le 30 de chaque mois
• **Charges sociales** : payées le 15 du mois suivant
• **Impôts** : 2ème acompte payé le 15 juin
• **Capital** : augmentation en mai
	a) Budget de trésorerie
	
	b) Budget de TVA
	
	c) Budget des encaissements
	
	d) Budget des décaissements
	
	e) Budget prévisionnel de trésorerie

Expression du taux de marge :

$$Taux\ de\ marge = \frac{Prix\ de\ vente\ HT - Coût\ d'achat\ HT}{Prix\ d'achat} \times 100$$

Dans cet exercice, le coût et le prix d'achat sont identiques. On a :

0,80 = (Prix de vente HT / Prix d'achat) - 1
Prix d'achat = Prix de vente HT / 1,80

1) Budget des ventes et des approvisionnements (achats et ventes)

a) Tableau du budget de trésorerie

Budget des achats et ventes	Avril	Mai	Juin
Ventes HT	187 200,00*	138 000,00	208 800,00
Ventes TTC	224 640,00*	165 600,00	250 560,00
Achats HT	104 000,00*	76 666,67	116 000,00
Achats TTC	124 800,00*	92 000,00	139 200,00
Achats d'immobilisations HT		62 100,00*	

Ventes et achats :

Avril : **187 200** = 156 000 × 1,20 : augmentation des ventes HT de 20% par rapport à N-1
224 640 = 187 200 × 1,20 : ventes TTC (TVA de 20%)
104 000 = 187 200 / 1,80 : achats HT (marge de 80% - données de l'exercice)
124 800 = 104 000 × 1,20 : achats TTC (TVA de 20%)

Mai : pour les ventes et achats, même démarche que le mois d'avril

62 100 : achats d'immobilisations HT - achat de matériel en mai et payé en totalité en mai

Juin : pour les ventes et achats, même démarche que le mois d'avril

b) Tableau du budget de TVA

Budget de TVA	Avril	Mai	Juin
TVA collectée	37 440,00*	27 600,00	41 760,00
TVA déductible sur ABS	20 800,00*	15 333,33	23 200,00
TVA déductible sur immobilisations	0,00	12 420,00*	
Crédit de TVA			-153,33*
TVA à payer	16 640,00	-153,33	18 406,67
TVA à décaisser	9 420,00*	16 640,00*	0,00

Explications des budgets de TVA

Avril : **37 440** = 224 640 - 187 200 (TVA sur les ventes)
20 800 = 124 800 - 104 000 (TVA déductible sur **A**utres **B**iens et **S**ervices)
9 420 : TVA à décaisser (voir balance du 31 mars)

Mai : TVA sur les ventes et achats, même démarche que le mois d'avril
12 420 = 62 100 × 20% (TVA déductible sur immobilisations -
achat de matériel en mai et payé en totalité en mai)
16 640 : TVA du mois d'avril (payé en mai) : 37 440 -20 800

Juin : TVA sur les ventes et achats, même démarche que le mois d'avril
23 200 = 116 000 x 20%
-153,33 : crédit de TVA du mois de mai reporté sur le mois suivant (en juin). Le crédit de TVA se comporte comme une TVA déductible.

c) Tableau du budget des encaissements

Budget des encaissements	Avril	Mai	Juin
Clients (balance)	28 400,00*		
Clients - Effets à recevoir (balance)		80 900,00*	
Ventes d'avril	44 928,00*		179 712,00*
Ventes de mai		33 120,00*	
Ventes de juin			50 112,00*
Augmentation de capital		24 000,00*	
Total des encaissements	73 328,00	138 020,00	229 824,00

Avril : **28 400** : Clients (balance du 31 mars) => encaissements en avril
44 928 = 224 640 × 20% (ventes TTC d'avril - 20% encaissés au comptant)

Mai : **80 900** : Clients - Effets à recevoir (balance du 31 mars) => encaissements en mai
33 120 = 165 600 × 20% (ventes TTC de mai - 20% encaissés au comptant)
24 000 : augmentation de capital en mai

Juin : **179 712** = 224 640 × 80% (ventes TTC d'avril - 80% encaissés à 60 jours fin de mois)
50 112 = 250 560 × 20% (ventes TTC de juin - 20% encaissés au comptant)

d) Tableau du budget des décaissements

Budget des décaissements	Avril	Mai	Juin
Fournisseurs (balance)	70 400,00*		
Fournisseurs - Effets à payer (balance)		52 100,00*	
Dividendes (versés en juin)			21 150,00
Salaires (payés le 30 de chaque mois)	36 000,00	36 000,00	36 000,00
Charges sociales (payées le 15 du mois suivant)	18 000,00*	18 000,00	18 000,00
TVA à décaisser (budget de TVA)	9 420,00	16 640,00	0,00
Achats d'avril	24 960,00*	62 400,00*	37 440,00*
Achats de mai		18 400,00*	46 000,00*
Achats de juin			27 840,00*
Immobilisations		74 520,00*	
Emprunt (remboursement mensuel)	10 100,00	10 100,00	10 100,00
Impôt sur les sociétés (2ème acompte en juin)			22 100,00
Total des décaissements	168 880,00	288 160,00	218 630,00

Avril : **70 400** : Fournisseurs (balance du 31 mars) => payés en avril

18 000 : Charges sociales de mars réglées le 15 du mois suivant

24 960 = 124 800 × 20% (achats TTC d'avril - 20% payés au comptant)

Mai : **52 100** : Fournisseurs - Effets à payer (balance du 31 mars) => payés en mai

62 400 = 124 800 × 50% (achats TTC d'avril - 50% payés à 30 jours fin de mois)

18 400 = 92 000 × 20% (achats TTC de mai - 20% payés au comptant)

74 520 = 62 100 × 1,20 (immobilisations TTC - matériel acheté et payé en totalité en mai)

Juin : **37 440** = 124 800 × 30% (achats TTC d'avril - 30% payés à 60 jours fin de mois)

46 000 = 92 000 × 50% (achats TTC de mai - 50% payés à 30 jours fin de mois)

27 840 = 139 200 × 20% (achats TTC de juin - 20% payés au comptant)

2) Budget prévisionnel de trésorerie pour le 2ème trimestre N.

e) Tableau du budget prévisionnel de trésorerie

Budget de trésorerie	Avril	Mai	Juin
Trésorerie initiale	**78 800,00***	**-16 752,00***	**-166 892,00***
+ Encaissements *(voir tableau des encaissements)*	73 328,00	138 020,00	229 824,00
- Décaissements *(voir tableau des décaissements)*	168 880,00	288 160,00	218 630,00
= Trésorerie fin de mois	-16 752,00*	-166 892,00	-155 698,00

Avril : **78 800** = 60 000 (banque) + 18 800 (caisse) : données dans la balance du 31 mars

-16 752 : la trésorerie du fin de mois d'avril est négative

Mai : **-16 752** : report de la trésorerie du mois d'avril

Juin : **-166 892** : report de la trésorerie du mois de mai

3) Commentaire sur le budget

On se retrouve donc avec une trésorerie négative pendant le 2ème trimestre N, soit :
-16 752,00 € en avril, -166 892 € en mai et de -155 698,00 € en juin.

Pour renverser la situation, vous devez donc :

- Escompter les effets de commerce auprès de votre banquier (Clients - Effets à recevoir).

- Ecourter les délais de paiements accordés à vos clients.

- Négocier des délais de paiement plus longs auprès de vos fournisseurs.

- Effectuer éventuellement un nouvel emprunt à la banque.

- Pour les dettes fiscales et sociales, il n'y a rien à faire, il faut payer en temps et en heure.

La gestion des risques consiste à identifier et analyser les risques et à les maitriser par des moyens de prévention.

GÉRER UN RISQUE ET SES CONSÉQUENCES

Exercice :

Commerçante en produits alimentaires, Mme B. gère une boutique au cœur de Paris.
Après 2 jours de fermeture, elle constate à son retour que le meuble froid est tombé en panne et que les produits sont devenus impropres à la consommation.
Le meuble acheté il y a 5 ans peut être réparé mais la pièce électronique défaillante devra être commandée et elle ne sera livrée que dans 15 jours.

1) J'évalue le préjudice (si je décide de faire réparer le meuble froid) et ses conséquences.
2) J'envisage le remplacement du meuble froid par un nouveau meuble plus performant mais je n'ai pas assez d'argent.

Stocks de produits du meuble froid

Produits	Quantité en stocks	Prix d'achat	Prix de vente
Jambon espagnol	6 kg	40 € le kg	90 € le kg
Jambon italien	4 kg	31 € le kg	58 € le kg
Jambon français	3 kg	22 € le kg	38 € le kg
Plats cuisinés en barquette	30 barquettes de 500 g	10 € le kg	22 € le kg
Viandes	10 kg	12 € le kg	21,50 € le kg

Informations complémentaires

La réparation du meuble est évalué à : 629,50 €
Coût total de l'achat du meuble froid est : 18 500 €
Durée de vie moyenne du meuble froid : 5 ans

1ère option : crédit	2ème option : crédit-bail
- Durée du crédit : 4 ans	- Durée du crédit : 4 ans
- Remboursements par mensualités constantes *(remboursables au taux mensuel proportionnel)*	- Loyer annuel à 9,5% de l'investissement
- Apport personnel de 15%	- Dépôt de garantie à 15% du prix de vente* récupérable en fin de contrat
- Taux annuel de 5,3%	- Option d'achat possible à l'issue des 4 ans

Note : (*) Dépôt de garantie récupérable en fin de contrat

1) J'évalue le préjudice et ses conséquences (conséquences financières et pertes de produits).

Produits	Calculs	Total pertes produits
Jambon espagnol	40 × 6 = 240	240,00
Jambon italien	31 × 4 = 124	124,00
Jambon français	22 × 3 = 66	66,00
Plats cuisinés en barquette	30 barquettes : 15 kg 10 × 15 = 150	150,00
Viandes	12 × 10 = 120	120,00
Total		**700,00 €**

La panne du meuble cause une perte de produits (impropres à la consommation) s'élevant à 700,00 € alors que la réparation du meuble coûte 629,50 €.

Je calcule le manque à gagner.

Produits	Marge produits (PV-PA)	Total manque à gagner
Jambon espagnol	90 - 40 = 50	50 × 6 = 300
Jambon italien	58 - 31 = 27	27 × 4 = 108
Jambon français	38 - 22 = 16	16 × 3 = 48
Plats cuisinés en barquette	22 - 10 = 12	12 × 15 = 180
Viandes	21,50 - 12 = 9,5	9,5 × 10 = 95
Total		**731 €**

Explications :

Le magasin vendait le jambon espagnol à 90 € le kg ce qu'il achetait à 40 € le kg.
Il gagnait donc 90 - 40 = 50 € par kg soit : 50 €/kg × 6 (kg) = 300 €
Le calcul est le même pour les autres produits.

Le prix de vente des plats cuisinés est de 22 € le kg et il l'achète à 10 € le kg,
soit : (22 - 10) × 15 = 12 × 15 = 180 € ; pourquoi 12 x 15 ?
30 barquettes de 500 g font 15 kg et il gagnait donc 12 € par kg, soit : 12 × 15 = 180 €
Vu la défaillance du meuble froid, il perd donc cette somme sur la vente des plats cuisinés.

Total du manque à gagner : 731 €

Le magasin perd 731 € de CA et une rupture des stocks, le client ira se fournir dans d'autres enseignes.

2) Quelle est la meilleure option pour remplacer le meuble ?

1ère option : crédit simple

Apport personnel de 15% : 18 500 × 15% = 2 775 €
(2 775 € est la somme que j'apporte)

Montant emprunté : 18 500 - 2 775 = 15 725 €

Taux mensuel proportionnel : 5,3% / 12 *(mois)* = 0,44% *(mois)*

Durée du crédit : 4 ans soit 48 mois

Mensualité : 15 725 × 0,0044 / (1 - 1,0044^{-48}) = 364,13 €

Coût global de l'emprunt : (364,13 × 48) - 15 725 = 1 753,24 €

2ème option : crédit-bail

Loyer annuel : 18 500 × 9,5% = 1 757,50 €

Loyer mensuel : 1 757,50 / 12 *(mois)* = 146,46 €

Coût du crédit-bail : 146,46 × 48 = 7 030,00 €

Dépôt de garantie : 15% × 18 500 = 2 775 €

Le crédit-bail est quand même conseillé car il permet d'avoir un meuble neuf plus régulièrement et cela lui évite de courir un nouveau risque de panne. Nous n'avons pas calculé - volontairement - le manque à gagner pendant 15 jours sans le meuble. Les clients iraient voir ailleurs et une partie d'entre eux ne reviendraient pas.

Les questions

0,0044 = 0,44%   Tapez 0,44% = (sur la calculette).

www.ingramcontent.com/pod-product-compliance
Lightning Source LLC
Chambersburg PA
CBHW050354100426
42739CB00015BB/3394